L'ARBRE DE L'OUBLI

Alexandra Fuller, née en Angleterre, a grandi en Rhodésie (Zimbabwe) et en Zambie. Elle est l'auteur de cinq livres, traduits dans une dizaine de pays, et a signé de nombreux articles pour *The New Yorker*, *Granta*, *New York Times Book Review*, *Financial Times*, *Vogue* et *National Geographic*. Ses deux volumes de Mémoires *Larmes de pierre* et *L'Arbre de l'oubli* ont figuré parmi les meilleurs livres de l'année du *New York Times*, qui compare l'auteur à Karen Blixen, Doris Lessing et Nadine Gordimer. Elle a emménagé dans le Wyoming en 1994 et est mère de trois enfants.

Paru au Livre de Poche :

L'AFRIQUE AU CŒUR

LARMES DE PIERRE

PARTIR AVANT LES PLUIES

ALEXANDRA FULLER

L'Arbre de l'oubli

Mémoires

TRADUIT DE L'ANGLAIS (ÉTATS-UNIS) PAR ANNE RABINOVITCH

ÉDITIONS DES DEUX TERRES

Titre original :

COCKTAIL HOUR UNDER THE TREE OF FORGETFULNESS
Publié par The Penguin Press, Penguin Group (USA) Inc., New York.

ISBN : 978-2-253-09853-9 – 1re publication LGF

Pour Charlie – guide extraordinaire –
avec mon amour

Personnages principaux

NICOLA CHRISTINE VICTORIA FULLER née Huntingford – mère de l'auteur, aussi appelée Nicola Fuller d'Afrique centrale, maman ou Tub

TIMOTHY DONALD FULLER – père de l'auteur, aussi appelé papa

VANESSA MARGARET FULLER – sœur de l'auteur, aussi appelée Van

EDITH MARGARET BELFINLEY HUNTINGFORD née Macdonald – grand-mère maternelle de l'auteur, aussi appelée Granny ou Donnie ou Mme Huntingford

ROGER LOWTHER HUNTINGFORD – grand-père maternel de l'auteur, aussi appelé Hodge

GLENNIS DUTHIE – tante de l'auteur du côté maternel, aussi appelée tante Glug ou Glug

SANDY DUTHIE – oncle par alliance de l'auteur du côté maternel

DONALD HAMILTON CONNELL-FULLER – grand-père paternel de l'auteur

RUTH HENRIETTA FULLER – grand-mère paternelle de l'auteur, aussi appelée Boofy

TONY FULLER – oncle de l'auteur du côté paternel, aussi appelé oncle Toe

ALEXANDRA FULLER – l'auteur, aussi appelée Bo ou Bobo

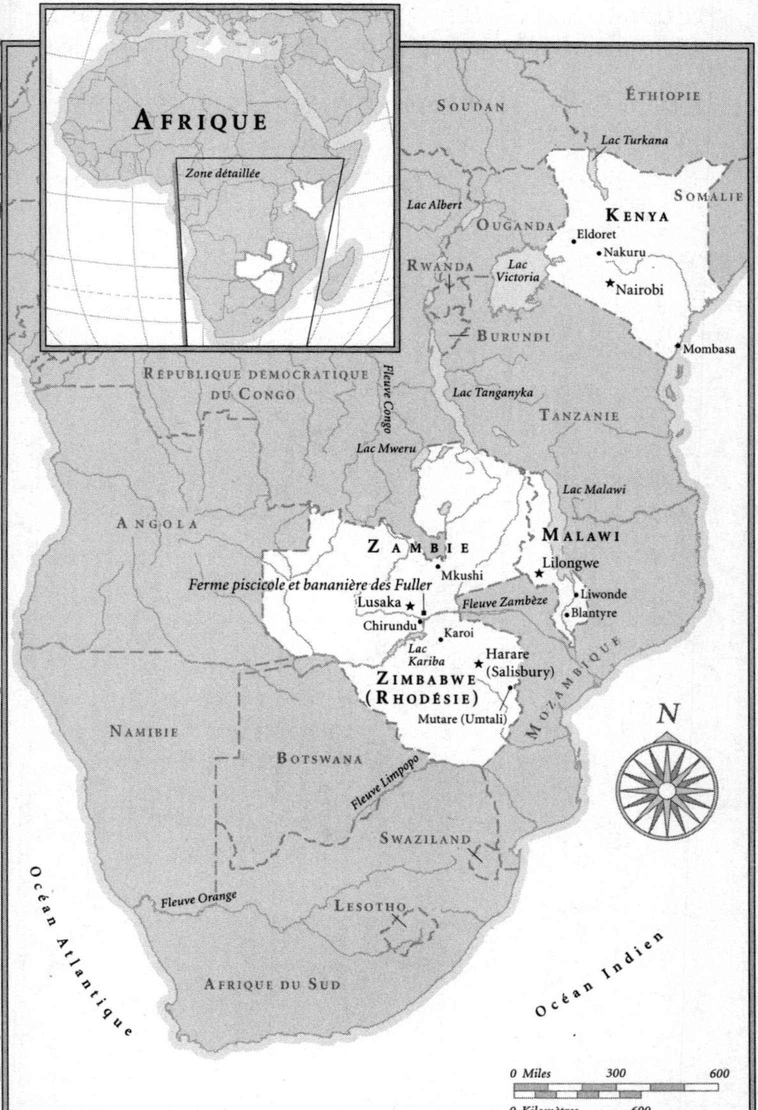
AFRIQUE
Zone détaillée
SOUDAN
ÉTHIOPIE
Lac Turkana
SOMALIE
KENYA
Eldoret
Nakuru
Nairobi
Mombasa
Lac Albert
OUGANDA
RWANDA
Lac Victoria
BURUNDI
RÉPUBLIQUE DÉMOCRATIQUE DU CONGO
Fleuve Congo
Lac Tanganyka
TANZANIE
Lac Mweru
Lac Malawi
ANGOLA
ZAMBIE
MALAWI
Lilongwe
Mkushi
Ferme piscicole et bananière des Fuller
Lusaka
Fleuve Zambèze
Liwonde
Blantyre
Chirundu
Karoi
Lac Kariba
Harare (Salisbury)
ZIMBABWE (RHODÉSIE)
Mutare (Umtali)
MOZAMBIQUE
N
NAMIBIE
BOTSWANA
Fleuve Limpopo
SWAZILAND
Fleuve Orange
LESOTHO
Océan Atlantique
Océan Indien
AFRIQUE DU SUD
0 Miles 300 600
0 Kilomètres 600
© 2011 Jeffrey L. Ward

PREMIÈRE PARTIE

L'esprit que j'aime doit comprendre des espaces sauvages, un verger touffu où des pruniers de Damas chargés de fruits sombres ploient dans l'herbe haute, un petit bois d'arbres verts à feuilles persistantes, parfois un serpent ou deux, un étang dont personne n'a sondé le fond, et des sentiers parsemés de fleurs plantées par la pensée.

Katherine MANSFIELD

Nicola Fuller d'Afrique centrale apprend à piloter un avion

Mkushi, Zambie, 1986 environ

Du plus loin qu'il nous en souvienne, notre maman – ou Nicola Fuller d'Afrique centrale, comme elle aimait à se présenter à l'occasion – a toujours désiré avoir un écrivain dans la famille car non seulement elle aime les livres et a toujours souhaité y apparaître (de la même façon qu'elle apprécie les grands chapeaux coûteux, et a du plaisir à se montrer avec), mais elle a toujours voulu vivre une existence follement romantique exigeant d'être transcrite par un témoin assez malléable.

« Au moins elle ne t'a pas lu Shakespeare quand tu étais dans son ventre, me dit ma sœur. Je pense que c'est pour ça que j'ai des lésions cérébrales.

— Tu n'as pas de lésions cérébrales.

— Maman affirme que si.

— À ta place, je ne l'écouterais pas. Tu sais comment elle est.

— Oui, répond Vanessa.

— Par exemple, dis-je, elle prétend depuis quelque temps que j'ai dû être échangée à ma naissance.

— Ah oui ? » Vanessa incline la tête dans tous les sens pour mieux voir mon visage. « Tourne-toi pour que je jette un coup d'œil à ton nez de l'autre côté.

— Ça suffit. »

Je cache mon nez.

« C'est toi qui as mis le sujet sur le tapis, reprend Vanessa, allumant une cigarette. Tu n'aurais jamais dû écrire cet Horrible Livre sur elle. »

Je dénombre les erreurs que commet Vanessa.

« Pour la millionième fois, il n'est pas horrible et il ne parle pas d'elle. »

Elle exhale placidement la fumée vers le ciel.

« Ce n'est pas ce que maman dit. De toute manière je ne peux pas le savoir. Je ne l'ai pas lu. Je ne le lirai pas. Je ne peux pas. J'ai des lésions cérébrales. Demande à maman. »

Nous sommes assises devant la maison en pierre de Vanessa, près de la ville de Kafue. Elle a eu la sagesse de devenir une artiste indéchiffrable – le travail sur le tissu, l'art graphique et les toiles tropicales exubérantes étant l'expression d'une sorte de chaos nébuleux – aussi, personne ne peut lui reprocher quoi que ce soit. Et de toute manière, quoi qu'il arrive, Vanessa se comporte comme si tout devait se résoudre un jour ou l'autre, tant que personne ne panique. Par exemple, un arbre pousse au milieu du toit de chaume de sa salle de bains – très romantique et pittoresque mais piètre protection contre la pluie et les reptiles. Vanessa dit d'un ton vague :

« Oh, garde tes chaussures et regarde bien autour de toi avant de t'asseoir, et il ne t'arrivera rien. »

Le reste de la maison, rattaché à la salle de bains totalement impraticable, se compose en tout de trois minuscules pièces pour Vanessa, son mari et leurs enfants, mais elle est construite au sommet d'une colline – un *kopje* –, aussi offre-t-elle des possibilités, comme un placard avec un plafond cathédrale. L'air sent la forêt de miombos et nous fumons des cigarettes en regardant la lueur réconfortante des vingtaines de feux de cuisson qui couvent dans les cuisines du village environnant. Parfois, un aboiement de chien monte des tavernes de Kafue Road et les soldats du camp militaire voisin échangent des cris ou tirent une balle perdue. Tout est très paisible.

« Reprends un verre de vin, propose Vanessa en guise de consolation. On ne sait jamais, maman finira peut-être par te pardonner. »

Je dois dire, à ma décharge, que la responsabilité de l'Horrible Livre, dont le titre intégral exact ne peut jamais être cité en présence de ma famille, ne m'incombe pas entièrement. Nicola Fuller d'Afrique centrale m'avait plus d'une fois encouragée – poussée, même – à l'écrire. Ayant renoncé à voir en ma sœur aînée un écrivain en herbe à cause de son refus obstiné d'apprendre à lire et à écrire, maman m'avait légué ses ambitions littéraires. J'avais cinq ans lorsqu'elle abandonna la section arithmétique de notre paquet hebdomadaire de cours par correspondance.

« Écoute, Bobo, raisonna-t-elle, les chiffres sont ennuyeux. Tu peux toujours payer quelqu'un pour compter à ta place, mais jamais pour écrire en ton nom. Bien. »

Elle marqua un temps et m'adressa un de ses sourires terrifiants.

« Quel sujet vas-tu choisir ? »

Elle but une longue gorgée de thé, chassa deux chiens de ses genoux, et entama une existence digne de la Fabuleuse Littérature.

Douze ans plus tard, maman fit le point sur sa vie et l'adapta au type de biographie qu'elle souhaitait inspirer, sur la base de *Vers l'Ouest avec la nuit, Les Flamboyants de Thika* ou *La Ferme africaine.* Dans l'ensemble, elle fut satisfaite. En fait, tout bien considéré, elle eut l'impression d'avoir même exagéré dans certains domaines (les tragédies, la guerre et la pauvreté, par exemple). Il restait cependant une omission criante dans son portfolio : les avions, qui occupaient une place de premier plan dans la vie de ses modèles littéraires.

« Et alors, comme par magie, dit maman, mon fringant petit Sri Lankais est apparu. »

Mon fringant petit Sri Lankais ne lui appartenait pas vraiment – pourtant, il y eut au cours de sa relation avec lui des moments entiers où on vous aurait pardonné de le croire – et son allure « fringante » fit l'objet d'âpres discussions dans la famille, mais nous tombâmes tous d'accord pour reconnaître qu'il était petit. Son vrai nom était M. Vaas et il annonça qu'il était venu en Zambie pour échapper aux souffrances et à la violence de son pays natal.

« Alors vous devriez vous sentir tout à fait à l'aise avec nous », observa papa, et M. Vaas lui lança un regard noir. Mais mon père n'en dit pas plus, se concentrant à nouveau sur le *Farmers Weekly*. Dans l'ensemble, je pris son parti.

« Comme d'habitude, déclara maman.

— Le dernier pilote que nous avons accueilli ne s'est pas écrasé sur un poteau électrique ? demandai-je en me versant une autre tasse de thé.

— Je crains que si », répondit mon père sans lever les yeux de sa revue.

M. Vaas se décomposa.

« Ne les écoutez pas », s'exclama maman, l'entraînant d'une main ferme hors de la véranda et à travers le jardin – un enchevêtrement calculé de bougainvillées et de lianes de fruits de la passion, de massifs de lis et de strelitzias, de rangées de buissons de lilas et de caladiums ombrageant des plates-bandes d'impatiences. La troupe hétéroclite des chiens gambadait sur leurs talons.

« Ma famille me tyrannise terriblement », dit-elle.

M. Vaas lui tapota le bras avec tact, récompensé par un sourire vorace.

« À nous deux, prédit maman, nous allons leur montrer à quoi ressemble le vrai courage. Nous serons les Blixen et Finch Hatton de Zambie. »

M. Vaas se tourna vers papa et moi à la lumière du crépuscule, clignant des yeux en guise de SOS.

« Le thé est encore chaud, Bobo ? demanda mon père.

— Brûlant », répondis-je.

*

M. Vaas puis maman disparurent dans l'enclos, où les vaches laitières étaient venues s'abriter des moustiques du soir. « *Come fly with me*, chantait ma mère, *let's fly, let's fly away. If you can use some exotic booze, there's a bar in far Bombay. Come fly with me, let's fly, let's fly away.* »

Papa est un peu sourd parce qu'au cours de sa vie il a entendu partir trop de coups de feu, dont maman n'était pas toujours l'auteur, et il n'entendit pas chanter Nicola Fuller d'Afrique centrale, mais je crus de mon devoir de le prévenir que Sinatra était entré dans le paysage. Il posa sa revue.

« Eh bien, bonne chance au petit Indien, dit-il.

— Sri Lankais », rectifiai-je.

Papa alluma une cigarette. Maman donnait la sérénade.

« *Come fly with me*... (à présent sa voix semblait venir de la direction des granges à tabac)... *let's float over to Peru.* »

Ainsi encouragé par l'enthousiasme presque agressif de Nicola, M. Vaas gara son Cessna vétuste et très basique sur la piste d'atterrissage située à côté du Mkushi Country Club (dont les courts de tennis étaient parsemés de petits arbres fendillés et qui abritait des chauves-souris dans son bar) et se déclara prêt à prendre ses fonctions de moniteur de vol. Étant donné que personne ne meurt dans cette histoire, et que la mort a tendance à aiguiser la mémoire, j'ai oublié aujourd'hui qui d'autre que nous assistait au cours de pilotage, mais un ou deux fermiers devaient être présents, et peut-être aussi leurs épouses. De toute manière, comme dans presque tous les épisodes où figure maman, ils ne comptent pas.

Elle se mit au pilotage « *like a bird on the wing* », fredonnait-elle, bien qu'elle eût quelque difficulté avec la paperasserie exigée pour garantir un trajet sans trop de turbulences.

« Les chiffres, confiait-elle d'un air sombre. Je suppose que j'aurais dû mieux écouter quand ces fichues nonnes essayaient de m'apprendre à compter. »

Par exemple, elle avait beaucoup de peine à s'y retrouver dans la navigation aérienne et le stock de kérosène. Pourtant, un détail mineur tel que sa totale incapacité à compter au-delà des dix doigts de ses deux mains ne la dissuada en rien, ni M. Vaas non plus, de réaliser son rêve de voler durant cet hiver brumeux et les premières journées éclatantes du printemps.

La fin d'après-midi d'octobre programmée par maman pour sa première tentative de décollage et d'atterrissage coïncida avec la pleine lune. Elle et M. Vaas pilotèrent le Cessna bringuebalant jusqu'au bout de la piste, ses ailes trépidant sous la chaleur déclinante de la journée. Elle vira dans le sens du vent, face à la lune du chasseur, dont le rouge sanglant tranchait sur le ciel souillé par la fumée. M. Vaas lui fit faire une ultime vérification des instruments, elle glissa un coup d'œil à travers le minuscule hublot graisseux vers la petite cabane en tôle où attendaient les autres aspirants pilotes, et leva le pouce en signe de victoire.

L'avion roula avec fracas sur la piste, franchissant d'anciens trous de fourmiliers dans un nuage de poussière rouge. Il fit un ou deux petits sauts, puis quitta le sol, penchant d'un côté puis de l'autre, avant de s'élever au-dessus de la cime des msasas, dont les feuilles printanières se teintaient curieusement de jaune, d'orangé et de rouge. M. Vaas regarda maman.

« Ça va, madame Fuller ? »

Les autres élèves, qui écoutaient dans la petite cabane en tôle à côté de la piste, entendirent des grésillements, puis la voix un peu tremblante de Nicola Fuller d'Afrique centrale, animée du courage insensé et singulier qui lui permettait d'entrevoir aventures et perspectives là où d'autres pressentaient désastres et tragédies. « *Fly me to the moon*, entonna-t-elle, le timbre mal assuré mais audible, *let me play among the stars.* »

Il y eut une pause. Maman regarda M. Vaas avec un sourire inquiétant. Le front du moniteur était couvert de gouttelettes de sueur.

« Et il en faut beaucoup pour faire transpirer un Sri Lankais », dit-elle après coup.

« Du calme », dit M. Vaas.

La voix de maman résonna à nouveau dans la radio, plus forte à présent :

« *Let me see what spring is like on Jupiter and Mars.* »

Tandis que le petit avion intrépide montait encore et encore vers le soleil déclinant, minuscule point violet foncé dans le ciel pourpre, M. Vaas se mit à gesticuler comme un fou.

« Retournez au sol, retournez au sol ! »

Maman voulait survoler le canon antiaérien placé sur le pont du fleuve Mkushi. Les Rhodésiens avaient fait sauter ce pont pendant la seconde Chimurenga, ce qui paraît excessif même avec le recul, puisque ce pont se trouvait à un ou deux jours de trajet du front rhodésien (considérant l'état des routes à cette époque). Ensuite, par mesure de représailles tardives et approximatives (la guerre était finie), l'armée zambienne avait installé un canonnier permanent au nord du pont, contre les forces armées sud-africaines. Étant donné qu'un quart de continent la séparait de l'Afrique du Sud et que les vrais combats avaient lieu ailleurs, comme d'habitude, les soldats zambiens n'avaient pas grand-chose à faire. On savait que, par pur ennui, ils se soûlaient à la bière et tiraient au jugé sur tout ce qui se trouvait à une distance raisonnable : corbeaux, eucalyptus, poulets. Il était impossible de savoir ce qu'ils feraient face au vol réel et imprévu d'un aéroplane authentique.

M. Vaas prit un ton très ferme.

« Je ne suis pas autorisé à survoler le pont. Retournez sur la piste.

— *In other words*, chanta maman, *hold my hand.* »

M. Vaas la foudroya du regard.

« On atterrit. On décolle. On atterrit. On décolle. Boum. *Boum*. Boum. *Boum*. Pas de ponts ni de chansons, bon sang. »

Maman regarda Mon Petit Sri Lankais d'un air de reproche peiné.

« Nous pourrions aller au Zaïre, proposa-t-elle. C'est juste derrière ces collines. »

M. Vaas la considéra d'un œil de plus en plus farouche.

« C'est l'heure de redescendre au sol », martela-t-il.

Les yeux de maman s'embuèrent, mais elle acquiesça.

« Roger », dit-elle.

Elle sut alors, nous expliqua-t-elle ensuite, qu'elle ne survolerait jamais seule – ainsi qu'elle avait rêvé de le faire – le haut plateau de Zambie, l'escarpement et le fleuve Luangwa, les éléphants se déployant devant elle, la clarté diluée par l'altitude et l'adrénaline rappelant la lumière parfaite de son enfance.

« J'ai amorcé la descente, j'ai atterri, et j'ai dit adieu à un autre rêve. »

En souvenir de son rêve brisé, maman mit les trois volumes du *Manuel du pilote* de Trevor Thom sur l'étagère de sa salle de bains, à côté de *L'Allemand pas à pas* de Charles Berlitz et de *Sailing a Small Boat* du commandant F. J. Hewett.

« Eh bien, on ne peut pas toujours gagner », dit-elle.

Et avec ce don caractéristique, quoique versatile, pour la magnanimité, elle pardonna à Mon Fringant Petit Sri Lankais, même quand sa spectaculaire indifférence devint évidente, du moins à ses yeux.

« Autant que je sache, aucun d'entre nous n'a réussi ne serait-ce que l'écrit de l'examen », affirme-t-elle.

Mais son menton se redresse.

« En tout cas, j'ai volé, non ? J'ai volé. »

Et il est vrai que personne ne peut lui reprendre le jour où elle a piloté l'avion au-dessus des msasas et survolé les abords du parc du Country Club, avant de redescendre vers la piste sur fond de soleil couchant, et d'atterrir brutalement face à l'énorme lune rougeoyante du chasseur. L'aile s'immobilisa. La porte du cockpit s'ouvrit. La poussière se déposa sur le sol. Un instant, le monde entier retint sa respiration. Puis, tandis que M. Vaas s'épongeait le front sur le siège du copilote, maman, n'ayant rien à envier à Beryl Markham et Karen Blixen, émergea de la cabine, souriante, brandissant le V de la victoire à ses fans en adoration, réels et imaginaires.

Naissance de Nicola Huntingford

1944, île de Skye, Écosse

Nicola Fuller d'Afrique centrale est très attachée aux valeurs de son clan : la loyauté envers les origines, la passion pour la terre, plutôt la mort que la capitulation. Des valeurs qui vous amènent à tuer ou à être tué, et, pour l'essentiel, le genre de valeurs tribales opiniâtres indispensables pour qui était condamné à être blanc et déterminé à le rester, d'abord pendant la révolte Mau-Mau au Kenya et ensuite durant la seconde Chimurenga. Des valeurs qui n'avaient absolument rien à voir avec celles des progressistes blancs arrivés de fraîche date, qui avaient survécu à la post-indépendance de ces pays africains en déclarant avec une conviction et un cran tout neufs qu'ils avaient toujours été du côté du « peuple », avaient toujours embrassé l'humanité tout entière et jugé intolérable le spectacle de l'inégalité.

« Oh là là, s'exclame maman, peinée. Embrasser toute l'humanité ? Le faut-il ? C'est ce que font les nouveaux chrétiens, non ? (Maman n'avait rien contre eux, mais elle ne s'était jamais remise de la fois où elle avait assisté par hasard à un office évangélique en Angleterre. “Tout d’un coup il y avait tous ces gens en larmes qui essayaient de me prendre la main.”) Oh là là, répète maman. Non, je ne crois pas. »

Maman s’était battue pour ce qu’elle considérait comme Sa terre en Afrique, farouchement et sans remords. Il est donc troublant, mais très instructif, de passer en revue ses héros politiques (on sait qui ils sont car elle donne leurs noms à ses animaux domestiques) : Che Guevara, Josip Broz Tito, et Aung San Suu Kyi. En d’autres termes, elle admire les leaders du « peuple » mais « le peuple » lui-même semble l’exaspérer. D’un autre côté, il est juste de révéler qu’elle a eu une chatte du nom de Maggie Thatcher et a baptisé Papa Doc un chiot Jack Russell.

« Il est si autoritaire, m’a-t-elle écrit dans une lettre récente. Il a déjà appris à froncer les sourcils, et il n’a que six mois. »

Nicola Fuller d’Afrique centrale naquit le 9 juin 1944 dans le salon de la maison de la gouvernante, à l’intérieur de la propriété familiale de Waternish, sur l’île de Skye. Sa mère était une Macdonald de Clanranald. L’insigne de membre portant les armoiries du clan est orné d’un bras brandissant une épée disproportionnée qui émerge du haut d’un château. La devise du clan, que personne ne prend trop au sérieux, j’en suis sûre, est : « J’ai un espoir constant en Toi. » Le cri de guerre, que tout le monde prend sans aucun doute très au sérieux, est *Dh’aindeoin co theireadh e,* en gaélique écossais, et se traduit par « Contredis-moi si tu l'oses ».

Ma famille maternelle possédait donc vraiment un cri de guerre, et il me fallut un moment pour me remettre de cette découverte, mais je songeai à maman et je compris alors que si vous n'aviez pas de cri de guerre pour accompagner cette attitude, vous étiez obligé d'en inventer un. Pendant la seconde Chimurenga, elle renonça à celui de ses ancêtres et en adopta un très personnel. Elle l'avait emprunté à Cliff Richard et les Shadows, et il s'agissait d'un bandit du Brésil qui avait la détente facile et tirait pour tuer, ce qui résumait à peu près l'intérêt qu'elle portait aux paroles. En fait, elle s'arrêtait le plus souvent au premier mot – un « Olé ! » crié à tue-tête, ce qui le simplifiait pour tous ceux qui ne parlaient pas gaélique, mais embrouillait ceux d'entre nous qui ne savaient pas un mot d'espagnol. Vanessa et moi le traduisîmes par « Hourra ! ». Mais le sens était clair de toute façon. Ma mère était là, armée, dangereuse et les cocos rebelles pouvaient en être sûrs.

Ma grand-mère baptisa son premier enfant Nicola Christine Victoria – trois noms chrétiens pour compenser toutes les fausses couches qu'elle avait faites avant d'avoir ce bébé –, Nicola pour commémorer une branche Nichols de leur famille, Christine, comme la gouvernante de Waternish qui avait aidé ma grand-mère à accoucher, et Victoria parce que maman était née un peu plus d'un mois après le D-Day.

Trois enfants, Nicola Christine Victoria incluse, vinrent au monde à Waternish ce jour-là, ce qui ressembla à un petit baby-boom. Les deux autres enfants se montrèrent tout aussi mémorables et dignes de partager la une avec ma mère habituée-à-conserver-le-monopole-des-gros-titres, car une forme de nanisme fut finalement diagnostiquée chez l'un d'eux et que l'autre naquit avec les pieds tournés vers l'arrière.

« Quelle chance, s'exclama ma grand-mère en apprenant la nouvelle. Ce sera pratique si elle veut attraper des couteaux. »

Je demande :

« Pourquoi des couteaux ?

— Ils vivent dans le sable le long du rivage, explique maman. Tu les prends par surprise en marchant à reculons. »

Bien qu'elle ait passé presque toute sa vie en Afrique, maman se considère à cent mille pour cent Écossaise des Highlands, sur le plan ethnique. Son père était anglais, mais elle dit que ça ne compte pas ; le sang écossais (en particulier celui des Highlands) annule le sang anglais. Comme pour le prouver, elle pleure au son des cornemuses ; une fois elle a essayé de passer une valise pleine de haggis à la douane zambienne (rendons-lui cette justice, elle traversait un épisode maniaque à cette époque) et ses yeux verts virent au jaune quand elle est excitée ou sur le point de devenir folle à enfermer. Maman est un peu extralucide, c'est-à-dire qu'elle a accès à des mondes invisibles, à de drôles de pressentiments, des révélations, des visions et un don de prophétie. Elle croit aux fantômes et aux fées.

Elle a hérité ce don de sa mère deux cent mille pour cent Écossaise des Highlands, sur le plan ethnique, qui était *si* extralucide qu'elle pouvait prédire l'avenir avec une précision stupéfiante. « Tout finira dans les larmes, vous verrez », disait ma grand-mère plusieurs fois par jour. Elle parlait vraiment aux fées et voyait des fantômes avec un naturel déconcertant, surtout après son deuxième gin&french de la matinée, qui devint une habitude les dernières années de sa vie (d'ailleurs, cette femme affirmait que si elle marchait en rond après onze heures du matin, c'était parce qu'elle avait une jambe plus courte que l'autre, alors on ne peut être sûr de rien).

Pour ma part, je ne semble pas avoir hérité de la passion de maman pour la violence. Je ne suis pas extralucide comme ma grand-mère. Je ne fais pas de déclarations unilatérales d'indépendance chaque fois que nous avons tous trop bu. Mes yeux sont vert foncé et le restent même si je suis très excitée ou en colère. Je vois que l'Écosse est belle, ou que certaines de ses régions le sont, mais je ne tombe pas à genoux chaque fois que je débarque dans l'île de Skye et que je respire l'odeur de la tourbe. En outre, bien que l'une de mes jambes soit plus courte que l'autre, je tourne rarement en rond, même quand je suis soûle.

« Ça te prouve bien que j'ai raison, dit maman. Tu as dû être échangée à la naissance. Il te manque cette loyauté de clan. La fidélité à la famille par-dessus tout. Le sang, le sang, le sang. »

Pour remuer le couteau dans la plaie, elle s'est mise à me présenter aux gens comme sa « fille *américaine* ». Ensuite, elle marque une pause éloquente pour que mon altérité, mon *estrangeté* produise son effet, puis elle ajoute avec un rire sans joie : « Faites attention à ce que vous dites ou faites, sinon elle vous mettra dans un Horrible Livre. »

De cette façon, maman a tenu à préciser que le sang de ses ancêtres s'est bloqué brutalement dans les nobles parois de ses veines. Contaminées par ma *moyenneté* américaine, condamnées à cause de ma déloyauté, mes veines sont l'équivalent d'un garrot génétique. Je ne suis pas cent mille pour cent Écossaise des Highlands. Je ne vis pas en tribu. Je n'ai pas de patience pour la nostalgie. J'ai abandonné la merveilleuse vieille Afrique et traversé l'Atlantique pour rejoindre le morne Nouveau Monde. Et pire encore, j'ai Tout raconté dans un Horrible Livre, comme dans le *Jerry Springer Show*.

À Casper, Wyoming, l'homme chargé d'interroger les candidats désireux de devenir des citoyens américains naturalisés dans l'État des cow-boys avait passé presque toute sa vie adulte dans l'armée. Sa mâchoire avait été ligaturée et il était forcé de parler entre ses dents, ce qui donnait l'impression qu'il contenait à grand-peine une rage profonde contre le monde en général et les futurs immigrants aux États-Unis en particulier. Il me posa quelques questions sur la Constitution et la guerre d'indépendance. Il me demanda combien d'étoiles il y avait sur le drapeau américain et de quelle couleur elles étaient. Ensuite, il aborda les questions très personnelles.

« Êtes-vous ou avez-vous jamais été membre du parti nazi ?

— Non.

— Êtes-vous ou avez-vous jamais été membre du parti communiste ?

— Non.

— Avez-vous des antécédents familiaux de maladie mentale ? »

Dans cette situation, maman aurait éprouvé l'exaltation d'un étudiant interrogé lors d'un examen sur un sujet qu'il connaissait sur le bout des doigts. Elle se serait calée confortablement sur sa chaise en prévision d'un long récit, commençant par :

« En réalité, il y a eu dans notre famille de nombreux cas d'instabilité mentale au cours des siècles : humeurs changeantes, équilibre précaire, dépression, et ainsi de suite. »

Mais, secouant la tête avec une conviction redoublée, je regardai l'homme droit dans les yeux et je répondis fermement :

« Non. »

Ayant ainsi renié ma propre mère et la plupart de mes ancêtres, j'entrai en Écosse au début de l'automne 2002 comme une étrangère. Mon passeport américain bleu flambant neuf était très plat et brillant, et semblait par conséquent un peu faux, comme si j'avais été une espionne à gages, équipée de papiers temporaires. Je louai une voiture et je roulai vers l'ouest, jusqu'au moment où les routes devinrent de simples pistes et où le paysage se déploya avec une violence abrupte. Comme sur les cartes postales, il y avait des moutons partout et ils avaient la priorité (ils restaient au milieu du chemin et prenaient un air farouche quand je les contournais subrepticement), mais quand j'arrivai sur l'île de Skye, les panneaux jaunes triangulaires signalant la présence de moutons sur la route avaient été modifiés, et représentaient des éléphants, des chameaux et des buffles du Cap. Attention, passage d'éléphants. Attention, passage de chameaux. Attention, passage de buffles du Cap.

Je louai un cottage pour une semaine et bien entendu, il se mit à pleuvoir. Pas une pluie ordinaire, ni même une grosse pluie normale, mais le genre de pluie qui jaillit de la mer dès l'instant où un Tout-Puissant décide de la déverser sur vous. Le vent soufflait si fort que l'alarme de la voiture se déclenchait sans arrêt. Je voyais passer les mouettes devant les fenêtres de la maison, emportées à contre-sens par les bourrasques. Je restai enfermée durant quatre jours, refusant de croire qu'un temps pareil pouvait durer à l'infini. Le cinquième jour, je m'enveloppai de la tête aux pieds dans une cape imperméable et je m'aventurai au-dehors avec une carte et un carnet jusqu'à une partie sauvage située dans la griffe nord-est de l'île.

J'étais guidée autant par mon plan que par les bribes de conversation échangées avec maman et Granny au cours des années. La terre, le ciel et la mer avaient un ton uniforme de gris pluvieux qui noyait totalement les repères mais je finis par trouver l'ancien manoir grandiose de Waternish Estate, un impressionnant bâtiment en ruine, avec des trous noirs à la place des fenêtres, qui lui donnaient un air aveugle, dénué de vie. Je me garai au bord de la route et je m'avançai dans le domaine, avec l'impression de transgresser l'idée follement romantique que maman se faisait de ses ancêtres, et non de pénétrer sans autorisation chez des inconnus.

J'arrivai dans une clairière et fus aussitôt saisie par le spectacle d'un désespoir des singes poussant à la lisière de ce qui avait été autrefois une pelouse. J'avais vu des photographies en noir et blanc de cet arbre dans les années vingt, mais je n'étais en rien préparée à découvrir son absolue étrangeté sud-américaine dans cette propriété à l'abandon sur la côte écossaise.

« Sans doute planté par le commandant Allan Macdonald autour de 1800, dit maman. Le commandant s'intéressait beaucoup à l'horticulture et à l'exploitation de la terre. Il possédait un magnifique troupeau de bétail des Highlands et aimait aussi les cairns terriers. En fait, il a créé la race, si c'est le terme approprié quand on invente un chien. Il les a dressés à tuer toutes les loutres sauvages qui perturbaient la pêche dans sa propriété. »

Mis à part le massacre des loutres (maman avait pleuré pendant une semaine après avoir lu l'autobiographie de Gavin Maxwell, *Mes amies les loutres*), le commandant Allan Macdonald avait manifestement l'imprimatur de maman. Étant une loyale Macdonald de Clanranald cent mille pour cent Écossaise des Highlands, maman ne dira pas un mot contre les cairns terriers bien qu'elle ait gardé sur la lèvre la cicatrice de la morsure de Robert, qui l'avait sauvagement attaquée dans sa jeunesse.

« Eh bien, c'était de ma faute, dit-elle. Je l'ai surpris et les cairns détestent les surprises. »

Le fils du commandant Allan, le capitaine Allan – connu sous le nom de Muncle dans ma famille –, aimait lui aussi les chiens et le bétail. À la fin des années 1840, il pilota le dernier bateau de prisonniers à destination de la Tasmanie. Il emmena plusieurs cairns avec lui, et d'après la légende familiale, ramena deux aborigènes Palawa tasmaniens à la place. On raconte qu'ils vécurent au domaine de Waternish jusqu'à leur mort, avec un cerf apprivoisé à qui Muncle (chasseur passionné) avait crevé les yeux, mais qu'il n'avait pas tué, et une meute de terriers jappeurs.

Je suis hantée par ces deux Palawa présumés. Dieu seul sait quels horribles souvenirs leur âme avait conservés de leur terre natale, mais leur capacité à évoquer les épreuves traversées était verrouillée dans leur langue d'origine sur cette étrange île où l'on parlait le gaélique. « Dans les années 1820 d'horribles choses se passaient en Tasmanie, écrit Jan Morris dans *Heaven's Command : An Imperial Progress*. Quelquefois les Noirs étaient traqués par jeu… parfois on les violait au passage, ou on les enlevait pour en faire des maîtresses ou des esclaves. Les chasseurs de phoques établirent une société d'esclaves personnelle avec des harems, recourant à la discipline éprouvée de l'esclavage – corrections, pendaison aux arbres, coups de fouet en boyau de kangourou. Lors d'un raid, soixante-dix aborigènes furent massacrés, les hommes abattus d'une balle, les femmes et les enfants traînés hors des fissures des rochers, le crâne fracassé. »

Le 1er décembre 1826, le *Colonial Times* annonça : « Ne faisons pas un étalage pompeux de philanthropie. Affirmons ceci : L'AUTODÉFENSE EST LA PREMIÈRE LOI DE LA NATURE, LE GOUVERNEMENT DOIT CHASSER LES INDIGÈNES – SINON, ILS SERONT TRAQUÉS COMME DES BÊTES SAUVAGES ET ÉLIMINÉS ! »

Quand je suis d'humeur charitable, j'imagine que Muncle a pu sauver les deux Palawa, et les a ramenés à Waternish pour leur permettre d'éviter le génocide qui les guettait sûrement en Tasmanie.

« J'en doute, répond maman. Je ne pense pas que Muncle ait été ce genre d'homme. »

J'ai vu des photos de lui avec ses terriers et son cerf, mais les Palawa sont des fantômes, et n'apparaissent nulle part. Je n'ai même aucun moyen de savoir leur sexe ou leur âge. En l'absence de tout élément concret je me représente donc deux hommes d'âge mûr, minés par la nostalgie, assis dans ce jardin battu par les pluies, sous un arbre d'Amérique du Sud, avec un cerf aveugle, rendus fous par des terriers caractériels et imprévisibles.

« C'est vraiment affreux, dis-je à maman. Où sont-ils enterrés ?

— Eh bien, on ne les aurait pas mis dans le cimetière puisqu'ils n'étaient pas chrétiens. »

Elle marque une pause.

« C'étaient des païens. »

Je sens à sa manière de prononcer ce mot qu'elle l'apprécie – païens – ainsi que ses connotations Somerset Maughamesques.

« Mais il y a un très joli petit cimetière d'animaux derrière la maison. Je suppose qu'ils sont peut-être là.

— Ensevelis avec ces chiens jappeurs, dis-je.

— Oh, dit maman. Je n'en sais rien. Ça m'est égal. »

Ses yeux virent au jaune.

« Tu ne vas pas écrire ça dans un Horrible Livre ? demande-t-elle d'un air menaçant. On va se retrouver avec des aborigènes en train de ramper d'un bout de l'île à l'autre, creusant partout pour déterrer leurs ancêtres. »

Puis elle réfléchit.

« Bon, je suppose que le domaine ne nous appartient plus, alors ça ne compte pas. »

À la mort de Donald Mauvais Caractère, dans les années soixante, la propriété de Waternish fut vendue à un Hollandais qui, à son tour, céda une partie des terres à Donovan, chanteur-compositeur écossais. Donovan fut le premier musicien britannique à adopter l'image du Flower Power. Il est célèbre pour ses fabuleux tubes psychédéliques « Sunshine Superman », « Season of the Witch » et « The Fat Angel », et parce qu'il a été la première pop star britannique très en vue à être arrêtée pour détention illégale de marijuana. Donovan a la réputation d'être très décontracté et on le confond souvent avec Bob Dylan, ce qui le contrarie énormément, paraît-il.

« Au début des années soixante-dix, me raconte maman, Bob Dylan a acheté une partie du domaine. Mais pour une raison farfelue dont les hippies ont le secret, il a installé un lit à eau au premier étage de la maison et le plafond s'est effondré.

— Pas Bob Dylan, dis-je. Donovan.
— Qui ? »

La seule terre que revendiquent désormais les Macdonald de Waternish se limite à quelques monticules dans le cimetière de l'église Trumpan en ruine, près du domaine de Waternish. Il y a deux petits monticules qui contiennent mes grands-parents et un plus gros tumulus où sont inhumés un grand nombre de mes ancêtres meurtriers et assassinés. Je roulai en direction de la mer et je trouvai les sépultures de mes grands-parents. Je les contemplai, cherchant à déterminer l'emplacement de mon grand-père, et celui de ma grand-mère. Maman essayait encore de se souvenir des dates à inscrire sur les stèles de ses parents, et d'ici là les tombes resteraient anonymes.

« C'est terrible, dit-elle, je suis incapable de me rappeler quand ils sont nés. »

Mais il en a toujours été ainsi dans notre famille. Des vies entières se réduisent à une ou deux notes de bas de page chimériques ou iniques. Les dates de notre naissance et de notre mort ne comptent pas. Après tout, n'importe qui est capable de naître et de mourir, mais il n'est pas commun de recueillir des aborigènes ou de créer une race de chiens.

Je me tournai pour faire face aux Hébrides extérieures. Entre moi et la mer se trouvait le charnier où s'entassaient des centaines de mes ancêtres tués lors de l'un des épisodes les plus sanglants de l'histoire écossaise. Les morts étaient si nombreux qu'on fit tomber un mur par-dessus les cadavres au lieu de les enterrer décemment et que la bataille fut baptisée « La destruction de la digue ». C'est une histoire dont toute ma famille se souvient, non à cause de sa brutalité ou de la disparition de tant de nos ancêtres (cela se produisait avec une régularité déprimante si on était un Macdonald de Clanranald), mais parce qu'elle impliquait un viol, deux incendies mortels et un sein sectionné – une accumulation de drames tumultueux, même selon nos critères.

Vers 1577, un Macdonald souilla une jeune fille MacLeod, « ou fit en tout cas quelque chose pour l'ennuyer », dit maman. À la suite de quoi – « réaction un peu excessive, avec le recul » – les MacLeod pourchassèrent trois cent quatre-vingt-quinze Macdonald jusque dans la grotte de Saint-Francis, dans l'île d'Eigg, et allumèrent un feu à l'entrée. Les Macdonald pris au piège étouffèrent. Clanranald, chef des Macdonald, passa tout l'hiver et la plus grande partie du printemps à comploter une revanche appropriée.

« Oui, eh bien, dit maman, les habitants des Highlands ne sont pas vraiment du genre à tendre l'autre joue. »

Ainsi, le premier dimanche de mai 1578, les guerriers Macdonald, dissimulés par un épais brouillard, s'approchèrent de l'église Trumpan où la plupart des MacLeod des fermes voisines s'étaient rassemblés pour l'office. Les Macdonald barricadèrent la porte de l'église et mirent le feu au toit de chaume. Tous les fidèles furent brûlés vifs, à l'exception d'une jeune femme qui parvint à s'échapper par une étroite fenêtre, s'arrachant un sein au passage.

Je plisse les yeux sous les torrents de pluie et j'imagine cette jeune femme en sang, terrifiée, courant dans le brouillard au milieu des bruyères, en direction du château de Dunvegan. En entendant ses appels au secours, les MacLeod s'emparèrent de leur bannière sacrée – « Le drapeau magique », dit maman, qui apprécie cette partie de l'histoire. « Nous sommes un peuple très mystique, très sauvage, tu sais » – et s'abattirent sur les vestiges fumants de l'église Trumpan, où ils acculèrent les Macdonald et les massacrèrent avant qu'ils eussent pris la fuite.

« Un esprit de clan admirable », conclut maman d'un ton approbateur.

Je contournai l'église en ruine pour m'approcher de la petite fenêtre. Seule une flèche très fine aurait pu y être tirée, mais même dans des circonstances extrêmes, jamais elle n'aurait pu servir d'issue de secours. En tout cas, les églises sont censées être des lieux où on se réfugie, et non des endroits d'où on s'enfuit terrorisé. En principe, ce sont des sanctuaires universellement reconnus. Mais ici mes ancêtres rejoignent les pires bandits de l'histoire – ils font partie de ceux qui ont tué des gens dans des églises. Je retournai vers la mer et je donnai des coups de pied dans la digue détruite. Un petit nuage noir venu des Hébrides extérieures courut dans le ciel et déversa une trombe d'eau sur moi.

Trempée et glacée – une cape imperméable ne vous protège plus quand la pluie ne se contente pas de vous transpercer, mais s'accumule à vos pieds –, je me rendis dans le pub le plus proche. Assise devant une pinte de bière dans un nuage de vapeur, entourée de touristes américains qui échangeaient des anecdotes ancestrales et des bouts de tartan, je me dis que maman détesterait vivre dans l'île de Skye à présent. Les batailles incessantes pour la terre, les conflits sanglants entre le clan et la famille – tout cela est terminé. Au mieux, elle pouvait espérer une bagarre de bar et – à en juger par la nature résolument joyeuse des clients du pub – ce genre d'incident serait clos avant qu'elle se soit installée confortablement aux premières loges.

Aux yeux de maman la terre est une bonne chose, la terre ensanglantée vaut mieux, et la terre imprégnée du sang de ses ancêtres est infiniment précieuse. Et d'après ces critères, l'île de Skye est de qualité supérieure. Mais je suis sûre que les touristes américains l'agaceraient par leurs tentatives de se reconnaître dans une violence qu'ils ne sont plus capables d'assumer. Et les moutons l'ennuieraient à mourir. Car même s'ils sont déguisés en chameaux, en buffles du Cap et en éléphants, les moutons ne sont que des moutons.

Nicola Fuller et les fêtes costumées

Quand Nicola avait six ans, ses parents quittèrent le Kenya pour passer des vacances en Grande-Bretagne, emmenant leurs deux enfants avec eux. De ces trois semaines de traversée en bateau de Mombasa à Southampton, à l'aller et au retour, maman ne se souvient que de trois épisodes :

« Ils ont organisé cette affreuse cérémonie quand nous avons franchi l'équateur. Les passagers étaient plongés dans des seaux d'eau et fouettés avec des poissons morts. »

Ensuite, elle se rappelle l'escale à Gibraltar, où ses parents l'ont traînée pour aller voir les macaques berbères.

« Il faisait une chaleur terrible et nous avons dû nous hisser jusqu'en haut pour voir le Rocher, qui était couvert de corbeaux et de ces singes féroces, terrifiants. »

Et elle se souvient enfin :

« La dernière chose – la plus atroce – ça a été la fête costumée. C'était épouvantable, d'être obligée de défiler sur le pont affublée d'un déguisement idiot. J'ai détesté toute cette comédie.

— Alors pourquoi as-tu participé, si c'était si atroce ?

— On nous y forçait, répond maman. On nous frappait.

— Avec des poissons morts ? »

Elle me lance un regard.

« Non. Sauf si, en plus, on traversait l'équateur à ce moment précis. »

Voici donc où nous en sommes : maman, âgée d'une trentaine d'années, n'ayant apparemment rien retenu de son expérience d'enfant, nous déguisant, Vanessa et moi, pour la fête costumée annuelle des Davis, un événement que je n'aurais peut-être pas redouté si ma mère n'avait pas choisi des tenues d'une inventivité si abominable que nous y avons survécu par miracle.

« Pourquoi je ne peux pas être comme Vanessa ? demandai-je.

— Parce que, répondit maman.

— Mais ça me gratte », dis-je d'un ton plaintif.

Olivia n'avait que quatre mois, trop petite pour être affublée d'un accoutrement assassin, aussi maman l'avait-elle habillée en Summer of Love d'une grenouillère faite maison et nouée-liée-teinte aux couleurs de l'arc-en-ciel. Vanessa était une Rose, hypoallergénique et splendide dans un tutu rose, avec des collants roses et des ballerines roses. J'étais *Jamais je ne t'ai promis un jardin de roses*, vêtue d'un vieux tricot de corps et d'un short, à l'intérieur d'un bidon d'insecticide vide sur lequel maman avait collé quelques photos de mauvaises herbes découpées dans les pages de *Farmers Weekly*.

« Personne ne va comprendre ce que je suis, fis-je remarquer.

— Les gens intelligents, si, dit-elle. Tiens-toi tranquille. Je ne veux pas te crever les yeux. »

Je l'entendis attaquer le bidon avec des ciseaux.

« Je crois que j'ai une éruption, protestai-je. Je sens des bosses. »

Elle se mit à chanter :

« *I beg your pardon, I never promised you a rose garden. Along with the sunshine, there's gotta be a little rain sometime…* » Il y eut une pause, suivie de deux coups plus violents assenés sur le bidon d'insecticide. Puis maman dit à Vanessa :

« Va me chercher un couteau dans la cuisine, tu veux bien ? Avec une lame bien tranchante. Demande-le à July.

— Je ne peux pas respirer.

— Courage, Bobo.

— Ça ne serait pas plus facile si je sortais de là ?

— Non, sûrement pas.

— Mais dans ce cas tu ne risquerais pas de me crever les yeux.

— Qui a parlé de te crever les yeux ?

— Toi.

— N'exagère pas. »

J'entendis le bruissement du tutu de Vanessa qui revenait sagement dans la pièce.

« Merci, chérie. »

Elle n'appelait l'une de nous *chérie* que lorsqu'elle voulait insinuer que l'autre ne l'était pas à ce moment précis.

« Ton aide est si précieuse », ajouta maman.

Je n'avais pas besoin de sortir de mon bidon d'insecticide pour voir les volants de tulle rose se gonfler d'orgueil.

« Tiens-toi tranquille, Bobo. »

J'entrevis la lame brillante d'un couteau et deux fentes de lumière apparurent.

« Tes yeux sont par là ?

— Non », dis-je.

Puis je vis une issue possible.

« Oui, me repris-je. Oui, juste là.

— Alors on y va, dit maman. Je vais prendre mon Uzi et on se met en route. »

J'inspirai profondément et je lâchai, avec toute l'émotion que je pus puiser dans mon cœur de fillette de presque huit ans :

« Je ne veux pas y aller. J'ai l'air stupide.

— Écoute, reprit maman, si tu ne fais pas attention, tu vas prendre une sacrée raclée. »

Pendant qu'elle allait chercher son Uzi, je pesai le pour et le contre entre une bonne raclée et mon apparition à la fête costumée dans un bidon d'insecticide. Je décidai en fin de compte qu'au moins il y aurait des Sparletta Creme Soda et des Chips Willards à la fête costumée et que, dans la piscine des Davis, on ne trouvait pas de grenouilles – ou juste quelques-unes. Rien de comparable avec le bouillon d'algues de la nôtre, où cohabitaient canards sauvages et scorpions avec des milliers de grenouilles, de crapauds et parfois un varan du Nil. En outre, ce serait ma dernière fête avant qu'on m'expédie en pension pour toujours.

« Bien », dit maman.

Je l'entendis vérifier que l'Uzi était chargé. C'était la pire période de la seconde Chimurenga, qui avait commencé cette année, et depuis peu les embuscades et les attaques de fermiers s'étaient intensifiées, surtout dans notre ferme de Robandi, juste à côté de la frontière du Mozambique, où la vue était magnifique, mais où tout le reste, à peu près, était minable.

En avril 1966, l'année précédant le départ de mes parents du Kenya et leur installation en Rhodésie, l'armée de libération africaine nationale du Zimbabwe (ZANLA) lança une attaque contre les forces gouvernementales pour protester contre la déclaration d'indépendance unilatérale de Ian Smith, en Grande-Bretagne. Le soulèvement fut réprimé promptement, et de manière définitive. Sept soldats de la ZANLA perdirent la vie. Il n'y eut pas de morts du côté rhodésien. Jusqu'en 1974, la guerre continua de couver avec ici et là une embuscade ou une attaque. Alors prit fin le conflit entre les colons portugais et le front marxiste de libération des rebelles (FRELIMO) qui durait depuis dix ans dans le Mozambique voisin, et commença une nouvelle confrontation entre le gouvernement du FRELIMO et la résistance nationale mozambicaine (RENAMO) soutenue par la Rhodésie et l'Afrique du Sud. Ensuite, comme si l'escalade de la violence dans l'État voisin était contagieuse, la guerre en Rhodésie s'intensifia. Les forces de la ZANLA, basées au Mozambique sous le gouvernement du FRELIMO favorable aux guérillas, franchirent la frontière pour poser des mines sur le territoire rhodésien et y mener des raids. La guerre devint notre climat, quelque chose qui échappait à notre volonté, et que nous commentions avec désinvolture, utilisant les mêmes mots que pour décrire le temps : « Oh là là, ça chauffe sérieusement cette semaine. »

Nous acceptions la guerre comme l'un des prix à payer pour Notre Liberté, même si c'était une drôle de liberté qui ne nous autorisait pas à dire ce que nous voulions sur le gouvernement rhodésien ni à écrire des livres le critiquant. Et pour la majorité du pays, la liberté ne comprenait pas l'accès aux trottoirs, aux meilleurs hôpitaux et écoles, à des terres cultivables décentes ni au droit de vote. Avec le recul, il me semble tout à fait évident que lorsqu'un gouvernement parle de « lutter pour la liberté », presque toute la liberté possible et imaginable disparaît pour les gens ordinaires et s'étend à l'infini pour une poignée d'individus au pouvoir.

« Des balles de fusil, du rouge à lèvres, des lunettes de soleil. On est partis. Allons, Bobo, dépêche-toi. »

Mes pieds sortaient par deux trous percés dans le couvercle du bidon. J'avais du mal à me déplacer. Je devais marcher en canard comme un pingouin. Cela amusa Vanessa, et ses éclats de rire résonnèrent à l'intérieur du bidon d'insecticide. Maman, avec Olivia sur sa hanche, m'aida à franchir la grande porte, à descendre les marches de pierre rugueuses et à traverser la véranda.

« Attention à ne pas tomber », dit Vanessa, contenant à grand-peine l'espoir qui filtrait dans sa voix.

Il faisait très chaud dans le bidon et la sueur dégoulinait dans mes yeux qui me brûlaient déjà et sur ma peau de plus en plus enflammée.

Je me mis à gémir :

« Je bous.

— Un mot de plus », menaça maman.

Nous avançâmes cahin-caha dans la cour et dans l'allée, atteignant Lucy, la Land Rover anti-mines, et un problème se présenta. Je ne rentrais par aucune des portières.

« Oh mon Dieu ! s'écria maman. Un obstacle imprévu. »

Il y eut un silence pendant qu'elle réfléchissait. Je l'imaginai mordant sa lèvre inférieure, fronçant les sourcils. Quand elle parla de nouveau, elle parut avoir eu une inspiration subite.

« On va la mettre à l'arrière. »

Elle marqua une pause.

« Chérie, dit-elle (mais pas à moi), va chercher July et Violet. »

Vanessa appela donc July qui était dans la cuisine et ramena Violet de la buanderie. L'hilarité fut générale quand les deux domestiques manifestèrent leur stupéfaction en découvrant que la madame avait mis sa fille cadette dans un bidon d'insecticide. Maman expliqua que pendant les affres de ma naissance en Angleterre, la chanson *I Never Promised You a Rose Garden* passait à la radio, des paroles prophétiques, car quand j'étais née, comme promis, je n'avais vraiment pas été un jardin de roses (elle a refusé d'en démordre, bien que j'aie depuis découvert que cette chanson était devenue un tube pour Lynn Anderson au moins un an et demi après ma naissance et qu'elle n'avait donc jamais pu l'entendre à la radio quand elle était en train d'accoucher).

« Elle avait la peau jaune et des cheveux noirs. C'est pourquoi nous l'appelons Bobo, expliqua maman, parce qu'elle ressemblait comme deux gouttes d'eau à un petit babouin. »

Violet et Vanessa furent prises d'un fou rire de conspiratrices.

« Tu vois ? dit maman. Violet trouve ton costume amusant.

— Finissons-en », dis-je.

July et Violet s'emparèrent chacun d'une cheville et me projetèrent dans le véhicule tandis que je me tenais très raide à l'intérieur de mon bidon. Je respirai les relents de viande grasse de la pâtée des chiens sur les vêtements de July et le parfum âpre du savon vert pour la lessive sur les mains et les bras de Violet, mais ces odeurs d'habitude réconfortantes m'inspirèrent une sensation d'isolement et d'exclusion. Les chiens tournaient autour de nous, frappant le bidon avec leurs queues. Leur halètement excité me donnait encore plus chaud.

« Bien, dit maman. On y va. »

Elle monta dans la Land Rover et Vanessa chérie s'installa sur le siège passager.

« Prends le bébé », lui dit maman, en lui tendant Olivia.

Puis elle siffla et les chiens sautèrent à l'intérieur, se répartissant sur leurs genoux. Le véhicule descendit la pente cahoteuse et bringuebala le long du verger. Je sentis qu'il passait sur le caniveau où vivait le cobra, au bas de l'allée. Mon bidon fit une embardée et je heurtai la fenêtre quand maman tourna à gauche sur la grand-route au bout de la propriété. Je me représentai Vanessa, assise dans un nuage de tulle rose sur le siège de devant, le vent soulevant ses deux longues nattes blondes entrelacées de roses blanches et roses en papier toilette. Et maman au volant, les chiens couchés sur ses genoux, son fusil calé dans la fenêtre ouverte, contrôlant sa coiffure et son maquillage dans le rétroviseur.

« J'en peux plus là-dedans ! criai-je. Ralentis ! »

Mais mes protestations se perdirent dans le rugissement et les vibrations du moteur de Lucy. Le fait de n'être pas battue avec des poissons morts à cet instant précis était une maigre consolation.

Trente ans, deux pays et quatre fermes plus tard, Vanessa, maman et moi étions assises sous l'arbre de l'oubli, dans la ferme piscicole et bananière familiale, située sur la rive du moyen Zambèze. Quelque chose dans la qualité de l'air, la brûlure cuisante du vent, les poils piquants du pois velu, me rappelèrent le jour de cette lointaine fête costumée.

« Tu te souviens quand tu m'as déguisée en “Je ne t'ai jamais promis un jardin de roses” au bal costumé de Noël des Davis ? demandai-je à maman.

— Mon Dieu, s'exclama-t-elle. Ça y est. Un autre souvenir refoulé traumatisant vient nous hanter. »

Elle regarda autour d'elle. Puis elle tendit ses bras en l'air.

« Un psy ! Allez chercher un psy pour la petite ! »

Maman fait exactement le même geste quand son verre est vide dans une soirée ; elle lance ses bras en l'air et hurle : « Je suis à sec ! Nicola Fuller d'Afrique centrale souffre d'une grave sécheresse ! »

« Olivia était en Summer of Love et Vanessa était une Rose, avec un tutu et tout le tralala.

— Ah oui ? dit Vanessa.

— Parfaitement, dis-je.

— C'est faux, protesta ma sœur, j'étais "Bons baisers de Russie". »

Je fronçai les sourcils.

« Vraiment ?

— Oui, répliqua-t-elle d'un ton ferme, et je portais un chapeau fabriqué avec un tapis rempli de microbes et infesté de puces. Et je cuisais dans une chemise rouge et un pantalon bouffant, avec les bottes de cheval de maman.

— Je pense que tu mélanges plusieurs fêtes costumées, dis-je. Je me rappelle clairement que tu étais une rose, dis-je.

— Si seulement, répondit Vanessa.

— *From Russia with love I fly to you », chanta* maman.

Elle s'interrompit et poursuivit sur le ton de la conversation :

« Je me souviens de ce film. J'ai obligé papa à rouler jusqu'à Nairobi pour que nous puissions le voir. Les petits verres de vodka étaient alignés sur le bar. »

Elle renifla.

« Hum, bon, le film avait dû me faire une forte impression, si j'ai gâché un tapis en parfait état pour la fête costumée de Vanessa. »

Elle inspira et se remit à chanter :

« *Much wiser since my good-bye to you...*

— Tu vois ? dit Vanessa.

— *I've traveled the world,* chanta maman, *to learn I must return to Russia with loooooooo-oooove !*

— Eh bien, je me rappelle que j'ai dû m'installer à l'arrière de la Land Rover et que tu étais devant avec maman, Olivia et les chiens.

— Une camisole de force ! cria maman.

— L'avant de la Land Rover était anti-mines, mais pas l'arrière, ajoutai-je.

— Des tranquillisants ! hurla maman.

— Alors si on était passées sur une mine, tu aurais été saine et sauve, ainsi que maman, Olivia et les chiens. Mais moi, j'aurais sauté. N'est-ce pas, maman ? »

Vanessa éclata de rire.

« C'est hilarant, dit-elle.

— Maman, si tu avais roulé sur une mine, j'aurais sauté, non ? » insistai-je.

Elle laissa retomber ses bras sur ses flancs.

« Je suppose que oui », répondit-elle.

Elle s'interrompit, puis poursuivit :

« Mais si j'avais su alors que tu allais grandir et écrire cet Horrible Livre, j'aurais peut-être foncé sur une mine.

— Maman ? »

Elle soupira.

« Tu sais, tu es comme ce salopard de Christopher Robin. Ce maudit gamin qui, une fois adulte, a écrit un Horrible Livre après que son père a composé pour lui tous ces jolis poèmes et ces histoires. Il a expliqué en long et en large que A. A. Milne avait été un mauvais papa et qu'il ne l'avait pas assez serré dans ses bras. »

Maman, fervente admiratrice de tous les produits Winnie l'Ourson, frémit d'indignation.

« Heureusement, poursuivit-elle, je ne crois pas qu'il ait eu beaucoup de lecteurs et je suis sûre que presque personne ne l'a pris très au sérieux. »

L'attachement inconditionnel de notre famille pour les animaux et son apparent manque d'affection à l'égard de ses propres enfants (très différent des liens du sang, chargés de passion) remontent au moins jusqu'à l'enfance de ma grand-mère, où s'arrête ce qui peut ressembler à une tradition orale fiable. La sœur cadette de maman, tante Glug, se souvient de sa mère comme d'une gardienne très efficace et d'une nurse très compétente, profondément intéressée par le bien-être de ses enfants mais tout à fait incapable de les serrer dans ses bras.

« Berk, dit maman, dont les étreintes maternelles sont guindées, réticentes et brèves. On n'a pas été élevées comme ça. »

Ses yeux pâlirent et elle me parla très lentement, comme si elle expliquait sa culture à un visiteur étranger.

« Nous sommes terriblement britanniques : flegmatiques, pas de démonstration d'affection en public. C'est ainsi que ma mère a été élevée, et nous aussi – et je ne pense pas que ça nous ait nui. »

Je me gardai de rappeler que ma grand-mère, maman et tante Glug avaient toutes les trois fait des séjours dans des institutions pour déséquilibrés mentaux. De toute manière, maman se serait opposée au diagnostic :

« Les nerfs à fleur de peau, tu veux dire. Ça ne pose aucun problème d'être cette sorte de cinglé. Ça n'a aucun rapport avec le fait d'avoir été assez embrassé, mais tout à voir avec notre éducation parfaite, qui provoque un déséquilibre chimique. Nous sommes comme les chevaux rétifs ou les chiens jappeurs ; ce n'est pas notre faute. C'est dans le sang. »

En se conformant à ce type d'éducation à distance, les Macdonald de Waternish firent preuve d'un manque d'imagination notoire dans le choix des prénoms de leurs enfants. Les garçons s'appelaient Allan ou Donald et à la rigueur Patrick. Les filles s'appelaient Flora. Ma grand-mère, une surprise malvenue, arrivée douze ans après ses frères et sœurs, portait le nom d'Edith, mais tout le monde la surnommait Donnie. Avant qu'elle eût atteint l'adolescence, son père, Allan Macdonald, mourut. La cause de son décès est sujette à controverse. Maman affirme qu'il s'est rompu le cou dans un accident de cheval, mais un lointain parent Macdonald m'a raconté qu'il avait été emporté par un mauvais rhume.

« Eh bien, c'est possible, s'écrie ma mère avec impatience, mais une nuque brisée n'a pas dû arranger les choses. »

En tout cas, le résultat fut le même. Le père de Granny était mort et son frère, Donald Mauvais Caractère, hérita du domaine. Les droits de succession étaient écrasants. Donald vendit tous les tableaux et les antiquités de valeur de la propriété. Il divorça de sa femme, sous le prétexte qu'il ne supportait pas sa façon de manger les pommes, et expédia son fils, le cousin fou Patrick, avec elle. Ensuite, il se retira dans une tour du côté nord du manoir, et il y resta jusqu'à la fin de ses jours tandis qu'une pourriture sèche dévastait les pièces et qu'une épaisse couche de limon vert s'étendait sur les murs de pierre des couloirs et dans les cuisines.

Pendant ce temps, la mère de Granny, qui n'avait rien hérité de son mari parce que tout le monde était persuadé qu'elle allait mourir dans la nuit d'une infection de la vessie, s'installa sur une chaise en osier dans sa chambre, attendant en vain la venue de la Faucheuse. Il faisait si froid dans la maison qu'elle se promenait partout avec une lampe à pétrole Aladdin et portait au moins cinq gilets, le plus long dessous et les plus courts empilés les uns sur les autres, avec un épais châle drapé sur les épaules.

Et puis il y avait le frère aîné de ma grand-mère, Allan, qui souffrait de psychose traumatique ; un homme d'une extrême beauté mais d'une grande sensibilité, qui, lors de la Première Guerre mondiale, s'était enfui à l'âge de dix-sept ans pour combattre, avait été gazé dans les tranchées, et en était revenu fragile et très marqué. Il possédait cent chats et s'était marié en secret à la receveuse des postes du village, avec laquelle il avait un fils qui s'appelait bien entendu Allan (mais qu'on avait baptisé P'tit Allan pour le distinguer de son père, et qui continua de porter ce nom jusqu'au jour où, devenu un homme d'une aimable corpulence, il atteignit la taille d'un mètre quatre-vingts).

« La maison de Waternish était donc devenue très étouffante à cette époque, pleine à craquer de gens traumatisés et des animaux empaillés de Muncle, dit maman. Des têtes moisies exhibant des crocs jaunes, avec des yeux vitreux qui vous lorgnaient du haut des murs. »

Ma grand-mère s'enfuit de ce refuge dickensien pour s'installer chez les petits fermiers qui vivaient et travaillaient au domaine. Chez eux, elle se mit à parler couramment le gaélique. Elle apprit à surprendre les couteaux en marchant à reculons sur la plage. Elle ramassa des carragheens et nagea dans les courants chauds de l'Atlantique avec les loutres et les phoques sauvages. Elle montait à cru les chevaux arabes des Highlands de sa famille et galopait dans les bruyères. Elle passait ses nuits dans le vacarme naturel et chaleureux de la maison de la gouvernante, entièrement faite de tôle ondulée, de sorte qu'on ne pouvait pas s'entendre quand le vent soufflait ou chaque fois qu'il pleuvait, c'est-à-dire presque tout le temps, et que personne ne se souciait de faire la conversation. Ce fut, sous beaucoup d'aspects, une enfance fœtale et enchantée.

Pourtant, lorsque des amis proposèrent à ma grand-mère d'être la fille au pair de leurs enfants, lui offrant en échange une couchette gratuite à bord d'un bateau pour le Kenya, il n'y eut rien d'étonnant à ce qu'elle s'enfuît de l'île de ses ancêtres et partît dans les colonies. Elle avait vingt ans. Avant le jour de son départ pour l'Afrique, elle ne s'était jamais trouvée à plus de deux cents kilomètres de chez elle. Pour ce voyage, elle sut tirer parti du bon sens inné dû à son éducation paysanne : une valise de vêtements adaptés ; un journal où elle consigna la température du jour et tout autre événement remarquable ; et plusieurs solides biographies de divers membres de la maison royale britannique, passée et présente.

Peu après son arrivée au Kenya, Donnie rencontra et épousa Roger « Hodge » Huntingford. Pendant onze ans, Donnie et Hodge essayèrent d'avoir un enfant, mais les quantités massives de quinine que ma grand-mère absorbait pour prévenir et traiter la malaria agirent aussi comme abortif. Quand la Seconde Guerre mondiale éclata, mon grand-père fut stationné en Birmanie et ma grand-mère retourna vivre au domaine de Waternish, et alors seulement, elle parvint à mener une grossesse à terme.

Une fois la guerre finie, mes grands-parents revinrent au Kenya avec Nicola, âgée de deux ans.

« Les hommes sont partis les premiers pour tout remettre en état, dit maman. Ensuite ma mère et moi avons pris le premier bateau qui ramenait les femmes et les enfants – un transport de troupes reconverti, le RMS *Alcantara.* »

Elle marque une pause.

« Dans mon souvenir, il y avait dix mille femmes et enfants dans ce bateau, et un seul homme – M. Branson, le mercier d'Eldoret –, mais ce n'est pas possible. Ou bien si ? Peut-être qu'il y avait deux mille femmes et enfants, et M. Branson, le mercier. »

Dans le train qui allait de Mombasa à Eldoret, maman fit le tour du wagon-restaurant et mangea tout le beurre servi sur les tables – des livres et des livres de beurre, rationné en Grande-Bretagne mais laissé à discrétion ici –, et quand elle arriva à destination, elle souffrait d'acidose.

« J'étais très gravement malade et il a fallu me conduire d'urgence chez le Dr Reynolds pour me soigner le foie. »

Elle me regarde en clignant les yeux de surprise.

« Où étaient tous les adultes pendant que j'étais occupée à dévorer ce beurre ? J'ai failli me tuer par gourmandise et personne ne m'en a empêchée. »

Eldoret est une ville située au sud des collines de Cherangani, sur le plateau de Uasin Gishu, près de la frontière entre le Kenya et l'Ouganda. Appelée 64 à l'origine, elle se trouvait à soixante-quatre kilomètres du départ de l'Uganda Railway, le chemin de fer ougandais récemment construit, mais la colonie se développa et ses habitants cherchèrent un nom aux connotations plus romantiques – leur évoquant autre chose que l'emplacement d'un camp de prisonniers – et quelqu'un proposa Eldoret, inspiré du terme massaï *eldare* qui signifie « rivière caillouteuse ».

« C'était parfois un peu lugubre et venteux, et il pouvait faire très froid à 1 800 mètres d'altitude, dit maman. Nous devions allumer un feu presque tous les soirs. Mais en comparaison de la morose Grande-Bretagne d'après-guerre, c'était l'extase. D'abord, la qualité de la lumière si près de l'équateur ! Et ensuite, l'espace. On voyait l'horizon au bout du plateau, et la terre s'étendait à l'infini, aussi loin qu'on aurait pu rêver de marcher en un jour. »

Mon grand-père travaillait comme agent gouvernemental de la vulgarisation agricole, partant en safari deux ou trois semaines d'affilée dans des régions reculées et laissant ma grand-mère et Nicola « dans l'arrière-pays ». Au début, avant de trouver une maison convenable, les Huntingford vécurent dans un minuscule bungalow de location sur les terres de Kaptagat Arms, la propriété de Zoe Foster, dont le mari avait été un chasseur blanc en Ouganda.

« Le mari avait disparu quand nous nous sommes présentés. Je pense qu'il avait été mangé par un lion ou encorné par un buffle ou qu'il avait subi le genre de mésaventure auquel s'exposait ce type de chasseur blanc, dit maman. En tout cas, Zoe semblait parfaitement heureuse. Elle avait deux fils, une belle fille blonde qui s'appelait Mary et un tas d'animaux. Dans la maison, il y avait toujours une mangouste méchante mais d'une rare efficacité pour tuer les serpents – exactement comme Rikki-Tikki-Tavi. Oh, et son jardin était le plus excitant de toute la région – il y avait un ruisseau, un labyrinthe, des massifs de rhododendrons et de rosiers, de la lavande et des pivoines, et une pelouse fascinante, jonchée de crânes d'hippopotames et d'éléphants que le mari avait abattus au cours des années. »

La voix de maman prend une tonalité chantante, comme si elle lisait un conte.

« C'était fantastique. Je m'enfuyais du bungalow, qui se trouvait à la lisière de la propriété, et j'allais jouer dans le jardin de la grande maison avec mon meilleur ami, Stephen Foster. »

Elle sourit à ce souvenir.

« Nous avions l'habitude de nous pousser tour à tour sur son tricycle. Nous portions des barboteuses assorties. Nous prenions le thé. Nous allions partout ensemble, main dans la main. »

Je devine :

« Stephen était un des fils de Zoe ? »

Maman fronce les sourcils.

« Non, non, pas du tout. Ce n'était pas son fils. Mais son chimpanzé. »

Il y a une petite pause choquée tandis que je tente – en vain – de m'imaginer envoyant l'un de mes jeunes enfants jouer avec un chimpanzé (sans parler des préoccupations de Jane Goodall concernant la maltraitance animale).

« Tes parents ne craignaient pas qu'il te morde ? »

Maman me regarde comme si j'avais traité Winnie l'Ourson de pédophile.

« Stephen ? Me mordre ? Pas du tout, nous étions les meilleurs amis du monde. C'était un chimpanzé très gentil, très civilisé. De toute façon, ma mère ne s'inquiétait pas beaucoup pour moi. Elle savait que je n'aurais jamais de problème puisque Topper m'accompagnait partout.

— Et qui était Topper ?
— Un chien que mon père avait sauvé », répond maman.

Ce qui pourrait expliquer pourquoi, quand on m'expédia en pension en Rhodésie pendant trois mois d'affilée, et que je regrettai notre ferme minable de tout mon être, mon propre chien rescapé m'écrivit des lettres plus régulièrement que maman, et sans nul doute avec plus d'affection :

« Ma très chère Bobo », commençait Jason King (mon teckel, trouvé dans le refuge de la Société protectrice des animaux d'Umtali, en Rhodésie) en janvier 1977 :

Je suis allé faire du cheval avec maman et les chevaux chaque jour de cette semaine. J'ai appris à grimper aux arbres pour chasser les lézards. Je me retrouve toujours coincé en haut des flamboyants et July est obligé de venir me tirer d'affaire.
Sally a été très vilaine et est allée chasser trois nuits la semaine dernière. Elle a emmené Bubbles avec elle. Je crois qu'ils pourchassaient les babouins. Sally est revenue la langue en sang, les pattes meurtries, dégoulinant de tiques. C'est bien fait pour elle. Bubbles est allé jusqu'au fleuve avant qu'un des garçons l'ait repéré. Ils ont eu de la chance tous les deux de ne pas être pris dans un piège.
J'espère que tu travailles dur à l'école et que tu es gentille avec tes surveillantes et tes professeurs. Dis à Vanessa qu'elle est censée partager ses sucreries avec

toi. Tu me manques beaucoup beaucoup, surtout à l'heure du goûter. Je dors sur ton lit tous les soirs et sur ta chaise toute la journée.
Plein de bisous,
Ton ami bien-aimé et le plus grand supporter du Fan Club de Bobo Fuller,

Jason King
xxx

La guerre de Roger Huntingford

Tante Glug, la sœur cadette de maman, vit à présent dans un petit village d'Écosse avec son mari, Sandy, une chienne passionnément aimée, India, et deux chats. Leurs trois enfants sont grands et ont quitté la maison, mais Langlands Lodge donne l'impression d'être un endroit qui n'a jamais renoncé à élever des enfants. Ses odeurs dominantes offrent le réconfort d'une nursery : rôties, thé fraîchement infusé et compote de prunes. Si mes parents avaient été tués au cours de la seconde Chimurenga, Vanessa, Olivia et moi aurions vécu à Langlands avec tante Glug et oncle Sandy. Sous cet angle, la maison m'a toujours paru être un refuge, un lieu de certitude et de sécurité. J'y dors profondément (quatorze heures d'affilée) et je mange sans retenue, dégustant les ragoûts d'oncle Sandy, grignotant sans cesse ses petits gâteaux à la farine complète, ses raisins de serre (une habitude qui m'a valu le sobriquet de Nièce-Charançon à Langlands).

Tante Glug n'a plus vécu en Afrique depuis 1967, mais elle s'habille encore comme une fermière kényane d'une certaine époque – vêtements d'homme, bottes de travail, un mouchoir rouge glissé dans la manche – et elle fume comme un soldat. Les boîtes de photos et de lettres que je déniche sous l'escalier sont imprégnées de l'odeur de ses cigarettes, mais aussi de celle du tabac à pipe de grand-père, récolté dans son propre jardin et mis à sécher sur des fils suspendus dans son garage, en Angleterre. Pour moi, l'odeur du rhum et de la terre sont aussi vivaces que le souvenir du gros rire irrévérencieux de mon grand-père que m'évoque instantanément ce parfum.

Tante Glug a hérité de ses parents une croyance sacrée dans la nature régénératrice du jardinage et des animaux et elle se comporte grossièrement sans vergogne. Il y a plusieurs années, elle est allée en Inde et en est revenue habillée d'un salwar kameez, le costume traditionnel, mangeant avec ses doigts (la tunique n'a pas duré – peu pratique en hiver, et elle n'arrêtait pas d'y mettre le feu avec ses cigarettes). C'est aussi la seule personne que je connaisse qui soit revenue de ce pays en louant ses latrines avec enthousiasme.

« C'est très pratique, dit-elle, et très sain de s'accroupir autant. »

De là où je suis assise, dans son petit salon, elle apparaît dans son jardin comme un élément antique et essentiel de notre peuple. Déformée par les vitres des anciennes fenêtres victoriennes, métamorphosée par une vieille chemise de mon grand-père et un pantalon de velours retenu à la taille avec une cordelette ; India la suit comme son ombre, et elle se penche sur elle de temps à autre pour la caresser et la consulter, donnant l'impression d'être sans âge et sans sexe, résolument Macdonald de Clanranald mais aussi pur produit d'Afrique de l'Est, de cette époque et de ce lieu particuliers où aucune limite n'entravait le mode de comportement, bon ou mauvais, sensé ou déraisonnable, que devait adopter une personne blanche.

« Ne me parle pas de bienséance, dit tante Glug, m'adressant un de ses grognements de furet. Foutaises. »

(En raison du non conformisme classique de tante Glug – elle jardine jusqu'à minuit en apprenant l'espagnol toute seule, elle contrôle la circulation aérienne au-dessus de Dundee en tricotant *et* en apprenant l'espagnol –, il est quelquefois un peu difficile de savoir à quel moment son excentricité naturelle bascule vers un territoire mieux compris par les professionnels.)

Aucun Macdonald de Clanranald n'est tout à fait à l'aise dans une maison où il n'y a pas *à la fois* des animaux et des fantômes. Par conséquent, demeure à Langlands Lodge le fantôme d'un petit chien blanc (ce qui permet de faire d'une pierre deux coups). Mes cousins racontent qu'ils l'ont entendu monter et descendre bruyamment l'escalier la nuit, et ma grand-mère, jusqu'à sa mort en 1993, était si persuadée de le voir qu'elle se mit à croire que ce n'était pas du tout un fantôme et à lui laisser du lait et de la nourriture sur le palier.

L'oncle Sandy est pilote, et deux cent mille pour cent écossais. Il joue de la cornemuse à tous les enterrements et mariages de la famille, vêtu de la tenue appropriée (il suffit à maman de voir son instrument et son escarcelle en peau pour fondre en larmes).

L'oncle Sandy peut vous dire le temps de la semaine simplement en regardant les nuages au-dessus des collines Sidlaw ; il est capable de calculer la vitesse du vent à un nœud près, et de dire sans regarder à quel moment les corbeaux sont rentrés des champs pour se percher dans la forêt près de Langlands. À cause de son métier, il voyage la plupart du temps, mais quand il est à la maison, il se met aux fourneaux et la cuisine s'emplit de vapeur, comme si le fait de laisser à sa femme des portions de chili congelé, du pain frais et des bocaux de confiture de prunes voulait dire qu'il n'est jamais vraiment absent de Langlands.

C'est dans cette maison hantée, pleine de craquements, où flotte l'arôme des plats d'oncle Sandy tandis que résonne dans la cuisine l'antique sonal de la météo marine de la BBC et que la vieille horloge de parquet grince comme si donner l'heure était une souffrance, que je touche du doigt une parcelle de la guerre de mon grand-père en lisant deux bouts de papier. Le premier est son contrat d'enrôlement, signé le 13 juin 1940.

« Je jure devant Dieu Tout-Puissant que je serai loyal et porterai vraie allégeance à Sa Majesté le roi George VI, à ses héritiers et à ses successeurs, et que, comme le devoir m'y oblige, je défendrai honnêtement et fidèlement Sa Majesté, ses héritiers et successeurs, contre toute atteinte qui pourrait se faire contre sa personne, sa couronne et sa dignité, et contre tous ses ennemis, et que j'obéirai respectueusement à tous les ordres de Sa Majesté, de ses héritiers et successeurs, et du général et des officiers placés au-dessus de moi. Que Dieu me vienne en aide. »

Ensuite apparaît la signature de mon grand-père. Au-dessous, on avait écrit : « Avez-vous reçu un avis vous informant des risques que vous courez en vous enrôlant ? »

Et mon grand-père avait noté en marge : « Oui. »

« Et vous comprenez et êtes disposé à l'accepter ? » « Oui. »

Mon arrière-grand-père était pasteur dans l'Église anglicane.

« De ce côté de notre famille il y a des évêques et des pasteurs depuis la nuit des temps, dit maman. Des érudits, tu comprends. Ce n'est pas comme si Dieu les avait frappés de la foudre et inspirés – rien d'aussi facile –, ça n'a rien à voir avec les prêcheurs et les missionnaires. Toute notre famille a dû aller à l'université pendant environ sept ans – une éternité, en tout cas – et parler le latin, le grec et l'hébreu. L'un de nos évêques Huntingford est enterré sous le sol de la cathédrale de Winchester, en tout cas il y a une plaque commémorative. Il était président de la faculté. Personne ne l'aimait beaucoup. Je pense que ses ouailles – peu importe comment on appelle ça – se sont révoltées. »

Au tournant du siècle, mon arrière-grand-père considéra sa famille grandissante – trois jeunes garçons – et décida qu'il ne pouvait pas les élever avec un salaire de pasteur en Angleterre. Donc, comme beaucoup d'autres gens séduits par le mythe de la munificence de l'Afrique de l'Est, il se dit qu'il allait tenter sa chance au Kenya.

« Ils croyaient tous qu'il suffisait d'aller là-bas et de planter du café, mais ce n'était pas aussi facile qu'il y paraissait et mon grand-père ne s'intéressait pas du tout au café, il était trop versé dans la spiritualité, trop détaché des contingences, trop instruit et trop érudit pour s'attaquer à l'agriculture, alors il a échoué, dit maman. Il a construit une église quelque part, mais le bâtiment a brûlé. Et puis le plus jeune des trois garçons, Tony, est devenu terriblement malade. »

L'enfant fut transporté d'urgence à l'hôpital d'Eldoret, mais il mourut de septicémie. Il avait dix ans.

« Je ne pense pas que la famille se soit jamais remise de la mort de Tony. Ses parents étaient profondément affectés et ils ont pris le deuil. Ils ne s'étaient jamais vraiment souciés d'argent ni de questions d'ordre pratique pour commencer, mais après ce drame, ils ont définitivement renoncé à s'occuper des choses matérielles. »

Le frère aîné de mon grand-père, oncle Dicken, devint un linguiste et un anthropologue, et il rédigea le premier dictionnaire du peuple nandi.

« Il a vécu dix ans avec les Nandi, il connaissait toutes leurs coutumes et le reste. Cela se passait dans les années vingt et trente, quand il était très à la mode d'aller vivre avec les indigènes, mais il ne le faisait pas d'une manière sordide, il *étudiait* les gens. »

Maman me regarde en plissant les yeux et dit :

« Je sais que tu vas mettre ça dans un Horrible Livre et donner l'impression qu'il est devenu comme eux mais ce n'est pas le cas. Il était très britannique et très convenable, et je suis certaine qu'il n'a pas touché une seule jeune fille nandi ni fait quoi que ce soit d'aussi terrible. »

Cette remarque me persuade qu'oncle Dicken a dû commettre un acte qui trouble maman, impression qui s'est confirmée quand j'ai découvert un article intitulé « Le développement sexuel des Nandi du Kenya », qui citait son travail. La vie sexuelle d'un garçon nandi, d'après les recherches de mon grand-oncle Dicken, « commence dès qu'il a émergé de l'isolement de la circoncision (*kakoman tum*), et celle d'une fille, quand elle atteint l'âge de la puberté, à environ douze ans… »

Mon grand-père, Roger « Hodge », apprit seul le métier d'ingénieur et fut engagé pour construire la ligne de chemin de fer raccordant Eldoret à Kitale.

« Il avait un âne pour se déplacer, dit maman, mais l'âne est tombé amoureux d'un troupeau de zèbres et s'est enfui pour vivre avec eux. Après ça, papa a dû aller à bicyclette. »

Peu après avoir perdu son âne et choisi de le remplacer par un vélo, mon grand-père rencontra et épousa ma grand-mère. Ensuite, la guerre éclata et tout le monde révisa son idée du chez-soi et de la loyauté, et mes grands-parents retournèrent à Skye, d'où mon grand-père s'enrôla, affirmant que sa mère était écossaise afin de pouvoir rejoindre le régiment britannique du Queens Own Cameron Highlanders. Voyant qu'il avait passé sa jeunesse au Kenya et travaillé dans ce pays, le bureau d'enrôlement l'envoya en Birmanie et lui confia le commandement des soldats nigérians.

« Tu sais bien comment sont les Britanniques, me dit un jour mon grand-père quand il vint nous rendre visite au Malawi avec ma grand-mère. Ils ignorent qu'il y a une sacrée différence entre un Nigérian et un Kényan, et plus encore entre un Kikouyou et un Kalenjin, ou entre un Igbo et un Haoussa. »

Il mordilla l'embout de sa pipe, et me cracha un nuage de tabac odorant en pleine figure.

« Je ne peux pas dire que j'avais beaucoup d'estime pour le Nigéria, dit-il. Tous les Anglais pensaient que c'était un endroit exceptionnel, mais le pays était chaud et marécageux, et infesté de moustiques. La Birmanie, c'était pas trop mal. Au moins, la guerre vous empêchait de penser à cette putain d'humidité. »

Mon grand-père avait des yeux gris amusés, et un nez aquilin admirablement immodeste. Pendant la période où je l'ai connu, il parlait de la Birmanie de temps à autre, par fragments décousus, comme si ses souvenirs avaient ressemblé aux accès de dysenterie amibienne qui le tourmentaient à l'occasion depuis la guerre – survenant à l'improviste, parfois avec violence, puis se dissipant tout aussi brusquement.

À un moment donné de la guerre, il avait été blessé.

« En Birmanie, je crois. J'ignore comment, dit maman. Bien sûr, on n'abordait pas vraiment le sujet. Un éclat d'obus, je suppose. Il avait cette boule grosse comme une balle de tennis à la hanche. Glug et moi on le suppliait toujours : “Montre-nous ta blessure de guerre ! Montre-nous ta blessure de guerre !” et il baissait son short pour qu’on puisse l’admirer. Et ensuite on demandait : “Papa, enlève tes dents !”, parce qu’à l’époque tout le monde avait un dentier. Dès l’âge de quarante ans, c’était réglé – tout le monde allait chez le dentiste –, on arrachait les vieilles dents et on mettait le râtelier. »

Mais tante Glug proteste :

« Non, non, non. Ce n’était pas un éclat d’obus en Birmanie. C’était une pierre au Nigéria. J’en suis sûre. Quelqu’un lui a jeté une pierre et il s’est retrouvé avec cette énorme bosse sur la hanche. »

Elle agite sa cigarette dans ma direction.

« Je suis convaincue que c’est comme ça qu’il a été blessé. »

Et elle paraît si sûre d’elle que j’envisage d’accepter sa version des événements, jusqu’au jour où mon cousin Cait et moi découvrons un télégramme au fond du tiroir du bas de la commode galloise de la salle à manger de Langlands :

Urgent : Mrs EMB Huntingford
c/o Mrs Macdonald
Waternish House
Île de Skye

Rapport reçu des Indes : le lieutenant R. L. Huntingford du Queens Own Cameron Highlanders stationné à Black Watch avec le régiment du Nigéria a été blessé en Birmanie le 7 mars 1945. Le Conseil de l’Armée exprime sa sympathie. Une lettre suivra bientôt.
Pour le ministre de la Guerre.

Au bas du télégramme, mon grand-père avait écrit : « Un rapport correct aurait dû préciser “blessé mais reste à son poste”. La Royal Air Force a lâché une bombe de 226 kilos au milieu du 5e régiment du Nigéria au lieu de la balancer sur les Japonais !!! »

Cait et moi retournons la feuille, mais rien d'autre n'est écrit. Le télégramme lève à peine le mystère sur l'origine de la bosse à la hanche de mon grand-père. À la fin, il semble plus sûr de dire que mon grand-père a été blessé une fois et peut-être deux pendant la guerre, mais nous ne saurons jamais s'il l'a été par une pierre au Nigéria ou par une bombe amie de 226 kilos en Birmanie.

En 1943, mon grand-père a été stationné brièvement sur la côte ouest de l'Écosse pour protéger la baie du Minch des navires de guerre allemands. Son ordonnance venait d'Inverness et pendant les quelques mois glorieux de la fin de l'été jusqu'au début de l'hiver 1943, la guerre devint une affaire de famille – l'ordonnance pouvant rendre visite à ses proches à Inverness et mon grand-père passant du temps à Waternish. Les fermiers de l'île de Skye prirent l'habitude de l'appeler « commandant Macdonald », peut-être parce qu'il ressemblait de façon si saisissante à Allan, le frère commotionné et doux de ma grand-mère.

« Je pense que c'était une période heureuse pour mes parents », déclare maman.

Elle veut dire que c'est le moment où elle a été conçue.

Fin 1943, mon grand-père retourna en Birmanie, et ma grand-mère – réussissant enfin à garder son bébé dans la froidure exempte de paludisme d'un hiver britannique – se rendit dans le sud de l'Angleterre pour participer à l'effort de guerre. Elle travailla comme ouvrière agricole près de Southampton, logeant chez une riche veuve dans un vieux manoir grandiose des environs. La veuve, Catherine Angleton, avait une jambe de bois, conséquence de son cancer, « mais elle s'habillait très joliment avec des jupes de tweed, des bas et de bons souliers, dit maman, aussi, ça ne se voyait vraiment pas ».

Southampton était un port important, situé dans une région industrielle, et avait été une cible privilégiée de la Luftwaffe pendant la guerre. Fin février 1944, alors que ma grand-mère était enceinte de quatre mois et demi, il y eut un raid aérien dévastateur sur la ville.

« Apparemment, je sursautais chaque fois qu'une bombe explosait, me raconte maman. Je suis très sensible aux sons violents. C'est pourquoi j'ai toujours l'air revêche aux fêtes d'anniversaire des enfants quand quelqu'un fait claquer un ballon. »

Comprenant que les raids aériens ne convenaient pas au tempérament de son fœtus et redoutant de nouvelles attaques de la ville, ma grand-mère reprit le train pour Waternish afin d'attendre la fin de sa grossesse.

Les télégrammes voltigèrent de Skye à la Birmanie pour informer mon grand-père de la naissance de sa fille.

« J'ai vu une lettre qu'il a écrite à sa mère disant qu'il était très excité d'avoir une petite fille, dit maman. Mais bien sûr, j'avais plus d'un an quand il m'a vue pour la première fois, et il m'a immédiatement laissée tomber sur la tête. »

Maman devance la pique que j'ai sur les lèvres.

« Oui, on a rendu ce petit incident responsable d'un tas de choses. »

Mais la facette la plus limpide de la guerre de mon grand-père – et de sa personnalité – m'a été révélée dans une lettre non datée que lui avait écrite l'un de ses soldats nigérians, dont la relation visiblement chaleureuse avec lui semblait aller au-delà de l'étonnante formule d'appel, typique de l'ère coloniale, et ainsi rédigée :

Cher maître,
Me direz-vous comment vous allez à présent ? Et quelles sont les nouvelles de votre famille ? J'espère que tout le monde est 100 %. Quant à moi, je veux vous informer que nous ne sommes plus à Sandoway, mais dans une ville située à trente kilomètres de Rangoon. Nous avons quitté Sandoway le 23 décembre 1945 pour venir ici. D'après ce que je vois, Rangoon est une très grande ville mais je ne peux pas vous dire si c'est un endroit agréable. Avant tout, c'est un trou crasseux, puant et répugnant.
Notre travail actuel est ennuyeux. Nous avons environ quatre mille prisonniers japonais avec nous et notre seule tâche est de les garder. C'est l'unique fonction du 5e bataillon du Nigéria. Ce n'est pas difficile. Mais cela

mis à part, le reste du monde demeure inaccessible et le pire, c'est qu'il n'y a aucun espoir de rentrer chez nous. Voici donc toutes les nouvelles de notre commune, maître bien-aimé. J'espère que vous allez bien. Oh ! J'espère que vous aurez la bonté de m'envoyer la photo que je vous ai demandée.
Je vous demande la permission de déposer ma plume.
Merci.
Votre,
John Okongo.

Nicola Huntingford apprend à monter à cheval

Environ 1947-1950

Si elle avait connu l'ampleur et l'intensité de la tragédie à venir, maman aurait enduré avec plus de courage les affronts de l'enfance, mais le pathétique et le don de la vie résident dans le fait que nous ne pouvons savoir quel sera notre chagrin déterminant, ou notre joie la plus victorieuse. Elle venait d'avoir trois ans, et pendant plusieurs années se produisit une accumulation d'événements qu'elle jugea absolument horribles. Et parce que ce furent les premiers chocs de sa courte existence, ils demeurent vivaces et virulents jusqu'à ce jour.

D'abord, sa sœur, Glennis (tante Glug), vint au monde – elle avait des boucles blondes, des fossettes sur chaque joue et une nature volontaire et sournoise.

« Très jeune, elle a réussi à avoir une sorte d'attaque, explique maman. Après, mes parents craignaient de la frapper de peur qu'elle soit prise de panique et fasse une autre crise. Peu importait laquelle de nous deux avait été vilaine : c'était toujours moi qui recevais une fessée et Glug s'en tirait avec un sourire narquois. »

Ensuite mes grands-parents quittèrent le paradis de Kaptagat Arms et louèrent un ancien mess d'officiers de l'armée plus près de la ville d'Eldoret. Mon grand-père déplaça des cloisons pour transformer la caserne en un lieu d'habitation.

« Elle était très longue et étroite, dit maman, mais mon père était très doué pour bâtir et faire de la maçonnerie. Il a fabriqué des fausses poutres dans le salon pour lui donner un air ancien, et a fait une magnifique cheminée en pierre. »

Il n'y avait pas de plomberie intérieure, aussi, il fallait transporter depuis la cuisine l'eau chaude pour le bain. Le *choo* – les cabinets – se trouvait à bonne distance, au fond du jardin, et « était souvent rempli d'abeilles et quelquefois de serpents, dit maman, ce qui me terrifiait et a contribué au problème de constipation dont j'ai souffert toute ma vie ». Après la tombée de la nuit, chaque membre de la famille recevait un pot de chambre, « qui fumait gentiment sous le lit et faisait rouiller les ressorts ».

« À l'heure du coucher, Glug et moi devions nous asseoir sur nos pots jusqu'à ce que nous ayons fonctionné. Ça durait quelquefois une éternité. Nous nous ennuyions tellement que nous faisions la course dans toute la pièce, sautillant sur nos pots. »

Glug attrapait toujours la malaria parce qu'elle menaçait d'avoir une crise chaque fois que quelqu'un essayait de l'obliger à avaler un cachet.

« Le Dr Reynolds devait venir d'Eldoret pour lui faire des piqûres, dit maman. Glennis se lançait en arrière, puis en avant pour l'éviter et il devait essayer de l'attraper. Une fois, il a trébuché dans le pot et je le revois traverser la pièce à cloche-pied, fou furieux. Bien sûr nous hurlions de rire toutes les deux, ayant oublié la piqûre contre la malaria. »

Les bains étaient pris sous la surveillance haineuse d'une *ayah* – une nounou – alcoolique, Cherito, qui fessait maman énergiquement et de façon répétitive sans raison apparente, comme si elle s'exerçait au lancer de poids ou au tennis, l'obstacle du corps de maman entravant son puissant élan. (Glug, néanmoins, échappa à la violence imprévisible des humeurs de Cherito, tant la légende de ses crises et la crainte d'en déclencher une à la moindre provocation étaient bien ancrées.)

« Mes parents étaient dans le salon ou dans la véranda, prenant un verre du vin fait maison par ma mère pour se détendre pendant que Cherito me tapait dessus dans la salle de bains, sans se douter le moins du monde de ce qui se passait. Et Glug n'en a jamais soufflé mot parce que tout cela l'amusait énormément. »

Ma grand-mère fabriquait du vin avec des pommes de terre, des raisins secs, de l'orge, des figues – tout ce qui lui tombait sous la main.

« C'était délicieux, raconte maman, mais elle n'avait aucun contrôle sur le taux d'alcool de chaque cuvée. Tout le monde savait que les visiteurs quittaient notre maison très désorientés, atterrissant dans le mauvais quartier – et quelquefois dans le mauvais pays. Ils partaient pour Kitale et finissaient à Bungoma. Ou bien ils étaient attendus à Kapsabet et se retrouvaient en Ouganda. »

Avec la très détestable Glug pour seule compagnie, maman regrettait amèrement Stephen Foster. L'âne, Suk, que ma grand-mère avait acheté comme meilleur ami de substitution, fut une grosse déception. D'après ce que raconte ma mère, il avait une nature obstinée et retorse, comme Glug, mais avec des oreilles, une queue et sans l'art de simuler une crise à la perfection.

« Suk n'était pas du tout votre âne de conte, poursuit maman. Si je devais aller quelque part, un *syce* – un valet d'écurie – devait tirer l'animal. L'âne se moquait de lui, m'ignorait et brayait comme une locomotive à vapeur. Je pense que c'était humiliant pour nous tous. »

Enfin, événement plus horrible encore, on décida que le moment était venu pour maman d'aller au couvent, une école dirigée par des nonnes irlandaises, situé à un kilomètre environ de leur nouvelle demeure. Chaque matin, on lui mettait son uniforme, une jupe bleue et un chemisier blanc avec un chapeau noir à large bord, « pour protéger nos visages du soleil africain ». On l'installait à califourchon sur le dos de Suk qui faisait la tête, et le syce le tirait jusqu'à l'école. Ensuite, le garçon et l'âne attendaient sous les eucalyptus pendant trois heures, jusqu'à la fin des cours. Après cela, le palefrenier remettait la fillette en selle et détachait la bête, qui partait au galop retrouver le confort de la maison, le tirant au bout de sa corde tout au long du chemin.

Quand elle fut plus grande, maman eut le droit de se rendre seule à l'école avec Suk.

« Mes jambes étaient assez longues, et je pouvais donner des coups de pied à cette maudite bête pour la faire avancer. »

Elle attachait l'âne sous l'eucalyptus et allait en classe. « Nicola a une influence perturbatrice sur les élèves », indiquait son rapport scolaire. Maman avait de la peine à apprendre. Elle avait déjà des qualités artistiques, mais les sœurs ne s'intéressaient pas à l'art. Les chiffres n'avaient aucun sens pour elle, et elle avait même de la peine à saisir les mots.

« Nos parents nous faisaient la lecture tous les soirs, Rudyard Kipling, Ernest Thompson Seton, ce genre de chose. J'adorais les histoires et les livres, mais j'avais des problèmes avec les sœurs et leur enseignement sinistre, et il m'a fallu un temps fou pour apprendre à lire. »

Au lieu de cela, elle s'amusait en essayant d'attirer un des nombreux chats qui chassaient dans les canalisations de l'école pour le faire asseoir sur ses genoux. Si l'animal ne se laissait pas persuader d'entrer dans la salle de classe, maman sautait par la fenêtre pour aller le chercher. Et puis comme elle n'était pas catholique – « Anglicane, bien sûr ! » – et qu'on ne pouvait donc la forcer à s'agenouiller dans la chapelle avec les autres filles récalcitrantes qui égrenaient sans fin leur chapelet, on l'envoyait s'asseoir sous l'eucalyptus, ce qu'elle trouvait assez agréable. Elle passait son temps à dessiner dans la poussière, à enlever l'écorce des arbres, à se prélasser contre le dos de Suk, contemplant les feuillages qui palpitaient contre le ciel tacheté de soleil, et à rêvasser jusqu'au moment où, d'après ses calculs, elle devait retourner chez elle. Elle détachait l'âne, nouait ses bras autour de son cou, et rentrait au galop pour l'heure du thé.

Maman doit retourner soixante ans en arrière pour se souvenir du couvent et des nonnes, mais les fragments qu'elle extrait de sa mémoire sont aigus, saisissants, intacts et vivaces à cause d'une haine profonde et persistante pour l'endroit et les femmes qui le dirigeaient.

« Sœur Bede nous tapait sur les doigts avec une règle, si fort que la règle se brisait parfois. Sœur Philip nous donnait des coups de baguette sur les mollets jusqu'à ce que des zébrures apparaissent. »

Maman s'interrompt et ses yeux pâlissent.

« Elles me battaient, me punissaient et m'excluaient, mais ça ne faisait que me rendre encore plus difficile, rebelle et déterminée à ne pas apprendre. »

Un jour, les sœurs bloquèrent toutes les canalisations et gazèrent les chats errants de l'école.

« Des douzaines de chats, des cadavres partout, se souvient-elle. Ces pauvres petits corps empoisonnés empilés en tas, gonflant au soleil. Si on les avait mis bout à bout ils auraient fait le tour des bâtiments de l'école. Et le lendemain nous avons été envahies par l'atroce puanteur de la fourrure et de la chair carbonisées, quand les jardiniers les ont aspergés d'essence et les ont brûlés. C'était trop affreux. Trop, trop méchant. »

Maman considère que les nonnes sont devenues exsangues et sans cœur parce qu'elles n'avaient pas le droit de boire ni de jouer ni de s'amuser, tandis que les prêtres étaient autorisés à se soûler et à parier sur les chevaux au champ de courses.

« Les sœurs étaient censées être au-dessus de tous les désirs et tentations terrestres. On ne pouvait même pas les regarder manger. Elles avaient un réfectoire secret au fond de l'école, où elles devaient s'alimenter portes fermées et rideaux tirés. Personne ne pouvait jamais les voir en train d'accomplir un acte biologique. Nous autres écolières débattions sans cesse de la question de savoir si les sœurs mangeaient réellement, et si la réponse était oui, que se passait-il à l'autre bout de leur appareil digestif ? Bien entendu, je pense qu'elles reportaient sur nous toute leur rancœur, leurs déceptions et leurs pulsions refoulées. »

Après quatre années d'école, maman était à peu près convaincue que l'enfer était associé aux sœurs et aux couvents, aussi, lorsqu'un brasier digne d'Hadès éclata dans les eucalyptus près de l'école, elle ne fut pas surprise, mais elle eut un choc car Suk était attaché comme d'habitude à l'un des arbres. Cela se passait à la fin de la longue saison sèche ; toute la journée avait soufflé un vent rouge, chargé d'une poussière venue d'Ouganda, qui se déposait partout comme du sang en poudre, le soleil boursouflé se détachant sur un grand ciel limpide. Vers midi ce jour-là, la sève volatile de l'eucalyptus prit feu. De son pupitre dans la classe, maman vit les flammes du coin de l'œil et s'élança en direction de son âne avant que son esprit eût pleinement enregistré ce que son corps savait déjà. Mais au moment où elle fonçait tête baissée dans le brasier, elle fut retenue de justesse par l'étreinte puissante des mains viriles de sœur Philip.

« J'ai senti l'explosion de ces arbres au fond de mes entrailles », dit maman.

Un eucalyptus éclatait après l'autre, les branches et les troncs embrasés se rapprochant de plus en plus de Suk. Le petit âne tirait sur son licou de toutes ses forces, mais la corde tenait bon. Maman regarda impuissante le mur de feu consumer l'arbre sous lequel Suk se débattait. L'âne disparut de sa vue et ses cris se perdirent dans le grondement des flammes huileuses. Elle sentit le monde se contracter dans le déni qui accompagne la tragédie, le refus de croire que le temps ne peut être arrêté, inversé, défait.

« Non ! Non ! Non ! »

L'âne émergea alors du brasier, flageolant, le poil roussi, brayant de douleur et de terreur, des lambeaux carbonisés de chair et de fourrure accrochés à son dos. Sa corde avait entièrement brûlé, et dansait sous son menton. Maman tenta d'échapper à l'étreinte de sœur Philip, mais les mains de la femme serrèrent plus fort encore.

« Lâchez-moi ! » hurla maman.

Elle se tortilla et lança des coups de pied, prise dans l'étau des bras de la nonne, mais ne parvint pas à se libérer. Elle tourna alors la tête et fut pétrifiée par ce qu'elle voyait, et n'oublia jamais.

« Sœur Philip fixait Suk de ses yeux furieux d'un bleu glacial, sous ses sourcils roux broussailleux. J'ai su alors qu'elle lui avait jeté le mauvais œil. Elle avait provoqué cet incendie. »

Maman hoche la tête.

« Je n'ai jamais eu le moindre doute à ce sujet. Cette putain de bonne sœur était une sorcière. »

Ma grand-mère guérit l'âne avec de la paraffine liquide et des poudres antibiotiques May & Baker, mais Suk refusa sagement de s'approcher à nouveau de l'école. De toute manière, il avait perdu presque tous ses poils, « et on ne peut pas monter un âne chauve ». Aussi, pendant plusieurs mois, maman fut obligée de se rendre tous les jours à l'école à pied, seule, et quand on l'envoyait s'asseoir sous les eucalyptus desséchés, elle ne pouvait plus s'appuyer contre le dos de son âne ni regarder le ciel au-dessus d'elle. Tardivement, et à sa surprise affligée, elle s'aperçut que la compagnie têtue et retorse de Suk lui manquait.

Les courtes pluies de novembre arrivèrent, suivies des journées de Noël, verdoyantes et émerveillées. En mars survinrent les longues pluies, qui durèrent jusqu'en mai. Quand maman allait à l'école, des semelles de boue se collaient sous ses souliers. Les routes devinrent impraticables et mon grand-père dut mettre des chaînes sur ses pneus pour circuler. Puis l'humidité de mai s'évapora en juin et l'interminable saison sèche recommença.

« Ce qu'on voyait d'abord, dit maman, décrivant l'apparition sporadique, presque mystique, des cavaliers somaliens, c'était un pilier de poussière au bout du plateau. »

À la tombée de la nuit, ils atteignaient Eldoret, on entendait les clochettes accrochées au cou des juments guides du troupeau et les hommes s'appelant dans leur exotique langue du désert. La lueur orangée de leurs petits feux de camp se détachait contre les herbages et les formes des innombrables chevaux et les silhouettes des hommes hantaient le vlei.

Des centaines de poneys étaient là, tout en muscles et en tendons après avoir traversé presque en entier la largeur du Kenya depuis les terres arides de Somalie.

« Seules les bêtes les plus saines, les plus robustes survivaient à ce long et difficile voyage », raconte maman.

Les bergers – aussi vigoureux que les animaux qu'ils s'apprêtaient à vendre – étaient minces et mystérieux derrière les draperies blanches de leur costume du désert, délicates et repliées comme les ailes des papillons de nuit.

Dans la semaine, les chevaux étaient tous conduits chez Betty Webster, l'un des professeurs d'équitation d'Eldoret.

« Elle installait des bancs et un abri couvert de chaume sur sa piste pour la vente aux enchères de tous ces fabuleux poneys, que je ratais bien entendu, à cause de l'école. Mais ma mère et mon père y allaient. Ils aimaient beaucoup les poneys somaliens et ils décidèrent que c'était exactement ce qu'il me fallait pour ne plus penser à ce qui était arrivé au pauvre Suk. »

Au début des années trente, avant l'implantation des pur-sang en Afrique de l'Est, mon grand-père avait remporté la Kenya Gold Cup sur son poney somalien, Billy.

« Ils ne payaient pas de mine, raconte maman. Ils avaient tendance à avoir un cou de brebis, une croupe d'oie, des épaules raides, et ils étaient minuscules – taille moyenne, 13,2 mains –, mais l'essentiel, c'était qu'ils avaient de l'endurance et étaient capables de courir comme le vent s'ils en avaient envie. »

À la vente aux enchères, ma grand-mère fut séduite par un hongre gris robuste. Elle aima sa manière directe de vous regarder. Un berger aux yeux desséchés par le soleil et à la lèvre pleine de khat lui permit d'essayer le poney avant de l'acheter. Pour la première et unique fois de sa vie, l'animal se comporta comme un ange. Il la laissa contrôler ses sabots et ses dents, il ne lança pas de coups de pied et ne la mordit pas, il sauta de bon gré tous les obstacles mis sur son chemin, tourna et s'arrêta gentiment. Ma grand-mère versa une belle somme au gardien de troupeau et baptisa le poney Nane, « huit » en kiswahili, à cause du chiffre tracé sur sa croupe.

« Il n'a plus jamais voulu avancer, raconte maman. Il ne s'intéressait qu'à la nourriture, ce qui est compréhensible je suppose, étant donné qu'il avait subsisté jusqu'alors avec des rations de désert. »

Tous les matins avant l'école, mon grand-père galopait sur la piste avec Vanity, sa jument pur-sang, et maman traînait derrière avec Nane.

« La piste se trouvait à l'emplacement des camps de prisonniers italiens pendant la guerre, aussi, il y avait beaucoup d'arbustes et de latrines effondrées où il fallait faire attention de ne pas tomber. Sinon, c'était un endroit parfait pour un galop du matin. »

Nane détestait cela.

« Pour lui, c'était une interruption inutile dans une journée idéale consacrée au repos et à la nourriture », explique maman.

Il avait l'art particulier de se gonfler avant de commencer à ruer furieusement, faisant des bonds et se tordant dans tous les sens avec une telle inventivité que maman était chaque fois projetée sur le sol.

« Je sentais sa nuque enfler et je me mettais à crier "Il grossit son cou, il grossit son cou", et ensuite il plongeait et se redressait, je volais dans les airs et heurtais le sol. Mais bien sûr, dès que j'avais repris mes esprits, je m'époussetais et remontais en selle sans faire d'histoire. Ensuite, d'ordinaire un peu secouée et meurtrie, je galopais jusqu'à l'école. Les nonnes se mettaient en colère contre mon père, disant que je ne pouvais rien apprendre si j'avais été mise KO deux ou trois fois avant le petit déjeuner, mais je pense qu'elles étaient nulles comme professeurs, tout simplement. »

Les sœurs organisaient des jeux au couvent l'après-midi, et des tournois de différentes sortes le week-end.

« Des heures et des heures de tennis assommant, raconte maman. Mais je n'ai jamais eu la patience d'attendre de frapper une seule balle. »

Au lieu de cela, elle prit des leçons d'équitation.

« Au début, j'ai eu Babs Owens comme professeur. C'était une méchante femme, elle me terrifiait.

Elle avait la réputation de se jeter à bas de son cheval s'il l'agaçait et de lui mordre l'oreille le plus fort possible. »

Babs obligeait maman à se tenir très raide sur son poney, serrant un penny entre ses genoux et la selle.

« Si je lâchais le penny – une gifle, une baffe, une beigne – c'était ma fête. »

Maman renifle.

« Cyril, le mari de Babs, avait été prisonnier des Japonais pendant la guerre. Je suis sûre que ça n'avait pas été une partie de plaisir, mais j'imagine qu'il avait vécu cette période comme une parenthèse bienvenue dans le bonheur de la vie conjugale avec Babs. »

Babs dut sans doute dépasser les bornes car mes grands-parents mirent Nicola entre les mains de Betty Webster.

« J'adorais Betty, dit maman. Je pense qu'elle était comme beaucoup de femmes kényanes de cette époque. Elle se promenait en pantalon de velours côtelé et chemise d'homme, pleine d'assurance, très autonome et endurante, toujours suivie d'une troupe de chiens. »

Nane ne s'améliora guère, mais la passion de maman pour l'équitation grandit démesurément.

« Je ne peux pas séparer les chevaux de mon enfance, ni Betty Webster de mon amour pour les chevaux », dit-elle.

Maman lève les mains et esquisse deux oreilles pointues avec ses doigts.

« Du plus loin qu'il m'en souvienne, j'ai toujours vu le monde entre les oreilles d'un cheval. C'est ma vision de la vie. Droit devant, ne regarde pas en bas. Ne te retourne pas. »

Environ un an après l'acquisition de Nane, maman l'inscrivit au concours de saut d'obstacles de la foire agricole d'Eldoret.

« Je pense que nous avons réussi à franchir tant bien que mal trois obstacles, mais dès l'instant où il s'est trouvé face à un oxer, il a planté ses sabots dans le sol, gonflé son cou et offert aux spectateurs, qui en ont eu pour leur argent, le spectacle d'un rodéo imprévu. Et j'étais censée quitter la piste avec un joli sourire. »

L'après-midi de l'humiliante défaite de maman au saut d'oxer, Betty Webster monta son hongre favori pour le concours équestre.

« Elle a fait un parcours magnifique, franchissant tous les obstacles. Et puis juste devant la tribune, il y avait une porte délicate. Betty a dû mal évaluer la distance, ou rater son approche, parce que le hongre a attaqué le saut d'une telle manière qu'il est tombé à la renverse, et s'est écrasé sur elle. »

Maman décrit le silence qui s'abattit sur le public durant les instants qui suivirent. Les bruits quotidiens étrangement amplifiés – l'appel de l'ibis hagedash depuis la piste, les chevaux se répondant dans la carrière d'échauffement.

« Puis le hongre de Betty s'est remis péniblement debout, mais Betty est restée sur le sol, immobile, très pâle. Elle n'était pas morte, mais inconsciente, et on voyait à l'enchevêtrement anormal de ses membres qu'elle s'était rompu le cou. »

Le cheval sans cavalière, ses rênes tombant mollement sur ses jambes, galopa vers le portail de la piste, laissant la femme tassée sur l'obstacle détruit. Quelqu'un courut après l'animal pour le rattraper. Plusieurs personnes escaladèrent la clôture et se précipitèrent vers Betty. On la transporta à l'arrière d'une voiture pour la conduire à l'hôpital.

« Un jeune homme – je ne me souviens plus de son nom – a pris son hongre, poursuit maman, et a courageusement terminé la course à sa place. Il devait trembler comme une feuille, mais il l'a fait. Ensuite il a continué et a monté le cheval pendant le reste du week-end. La fête continue ; nous le comprenions tous. »

Maman s'interrompt.

« Ce garçon a gagné avec le hongre de Betty, et le dimanche soir, il a apporté la coupe à l'hôpital et l'a posée sur l'oreiller près de sa tête. Elle n'a jamais repris connaissance. »

Le cercueil de Betty fut placé sur un ancien char à bœufs, où on hissa tous ses chiens au milieu d'innombrables tas de guirlandes. Deux percherons noirs tirèrent le char jusqu'au cimetière.

« C'était très tragique bien sûr, dit maman, mais nous avons pensé que c'était une fin juste et digne pour Betty. »

Elle réfléchit un moment. Ce qu'elle déclare ensuite confirme ce que j'ai toujours su à son sujet sans avoir jamais eu les mots pour le formuler. À ses yeux, le péril immédiat d'une situation est toujours mis en balance avec la prestigieuse nécrologie qui pourrait être écrite s'il provoquait votre mort.

« Je suppose que c'est pourquoi je n'ai jamais vu le côté dangereux de l'équitation. Pour moi, cela a toujours été un sport courageux et héroïque, et si vous y restiez, c'était une glorieuse façon de partir. »

Nicola Fuller d'Afrique centrale va à sa réunion d'anciens élèves

Quand j'étais enfant, maman me présentait le Kenya comme un lieu d'une perfection si rébarbative que cette qualité se désintégrait dans le récit, et que seules quelques bribes de lumière équatoriale subsistaient dans mon souvenir. Même la tactique révolutionnaire souterraine – à peine évoquée – des combattants Mau-Mau qui luttaient contre l'autorité britannique pour obtenir l'indépendance faisait partie de ce paysage idéal. D'après maman, la beauté intemporelle, la fécondité, la plénitude du Kenya étaient telles qu'il valait la peine de mourir pour ce pays si on était blanc (si vous étiez noir, c'était une tout autre affaire. Dans ce cas vous étiez un anarchiste kikouyou arrogant et désagréable). Maman tenait à préciser que quitter le Kenya avait été l'un des grands chocs de sa vie.

« Je n'avais jamais pensé partir, dit-elle. J'ai eu une enfance magique, remplie de gens magiques. »

À seize ans, j'ai lu *Sur la route de Nairobi*, de James Fox. Le livre décrit l'infâme Happy Valley set, un groupe d'aristocrates débauchés venus au Kenya pendant l'entre-deux-guerres, qui avaient massacré beaucoup d'animaux, s'étaient très mal comportés et étaient morts pour la plupart dans leur quête du plaisir. Accidents de chasse, accidents d'avion, drogues et alcool en tuèrent un bon nombre. Meurtres, maladies vénériennes et suicides en emportèrent quelques autres, et cette clique indigne bascula le 24 janvier 1941 quand on découvrit que Josslyn Hay, vingt-deuxième comte d'Errol, âgé de trente-neuf ans, avait été abattu sur la route de Nairobi, à Ngong, après une décennie de scandale, de divorces, de liaisons et de flirts.

Le Happy Valley set comprenait des notables comme sir Jock Delves Broughton, Alice et Frédéric de Janzé, lady Idina Sackville, Diana Caldwell, Jack Soames, John Carbery et Kiki Preston, dont je n'avais jamais entendu parler. Je demandai si ces personnes avaient été les héros magiques de l'enfance miraculeuse de maman. Elle secoua la tête et ses yeux pâlirent.

« Le Happy Valley set n'avait *rien* à voir avec nous. Non, ils étaient très insouciants, très irresponsables et très ennuyeux. Aucun rapport avec nous.

— Je croyais que les Kényans étaient si drôles et intéressants, dis-je.

— Pas ceux-là, répliqua maman.

— En quoi étiez-vous différents ? »

Elle me regarda comme si je l'avais frappée avec un poisson mort.

« À tous points de vue, répondit-elle. Nous étions des pukka sahibs – des gens bien, convenables. Ils étaient cruels et stupides. Des propres à rien. »

Ma mère prit une profonde inspiration.

« Je vais te raconter une horrible histoire sur cette bande. Une histoire vraiment choquante. »

Nous étions assises sous la véranda de la ferme de Mkushi, en Zambie, qui appartenait à des Allemands et où nous avions emménagé au milieu des années quatre-vingt. C'était la fin de la saison sèche, j'avais terminé depuis peu la lecture du livre de James Fox. L'air était piquant, chargé de l'odeur salée des msasas brûlant dans les feux de forêt. Papa avait commencé à labourer en prévision des pluies de printemps et la poussière des champs s'ajoutait à la fumée de l'incendie, donnant une teinte gris-jaune au ciel. Un troupeau de vaches remontait du point d'eau, meuglant après ses veaux. Les bergers sifflaient et criaient « Ha ! Ha ! ». Nos poneys de bush têtus qui mordaient, se cabraient, lançaient des ruades, paissaient placidement dans les enclos de la ferme. Un énorme soleil jaune déclinait vers les collines du Zaïre. Je me souviens de ce genre de détails parce que l'histoire que me raconta maman en cette fin d'après-midi me fit comprendre pour la première fois que l'atmosphère paisible et accueillante de la Zambie était de loin préférable à l'éclat fascinant du Kenya.

« Peu après son arrivée d'Écosse, ma mère a accepté une place chez une chasseuse blanche fortunée de la clique du Happy Valley, commença maman. La dame en question, Inky Porter, était riche et gâtée, mais je ne dirais pas que c'était une aristocrate. »

Maman prit un air désapprobateur.

« Être un *aristocrate* implique une bonne éducation, noblesse oblige. »

Elle renifla pour démontrer que le comportement d'Inky Porter était loin de répondre à ces critères.

« En tout cas, cette horrible femme avait eu le désagrément de tomber enceinte au milieu de la saison de chasse, aussi, elle avait engagé ma mère pour l'aider à s'occuper du bébé. »

Je clarifiai son propos :

« Ta mère était la nounou d'Inky Porter. »

Maman cligna les yeux.

« Non, non, non, s'exclama-t-elle. Le terme nounou ne convient pas. »

Nous passâmes un moment à chercher le mot juste. Je proposai domestique ou gardienne.

« Non, dit maman. Elle était plus que ça.

— Nurse ?

— Non, ce n'était pas une nurse. »

Je suggérai gouvernante et fille au pair, mais maman les rejeta aussi. Selon moi, on ne pouvait pas nier que ma grand-mère avait été nounou. Selon maman, je ne comprenais rien aux distinctions sociales.

« N'oublie pas que ma mère venait d'une très bonne famille, me rappela-t-elle. Elle n'aurait pas pu être une simple nounou. »

Ma grand-mère n'avait donc pas été une-simple-nounou pour une chasseuse blanche qui n'était-pas-digne-d'être-appelée-une-aristocrate et qui se nommait Inky Porter.

« Et Inky Porter, poursuivit maman, aimait boire des litres de gin et sniffer des montagnes de cocaïne. Elle était friande d'adultère et d'intrigues, et l'idée d'avoir des enfants l'ennuyait à mourir. Aussi, dès l'instant où le bébé est venu au monde, elle l'a mis dans les bras de ma mère, et a filé en Ouganda pour abattre des quantités d'animaux, boire des tonnes de cocktails et, de façon générale, rattraper le temps perdu. Mais le pauvre petit était né imbibé de gin et en manque de cocaïne. C'était horrible. Le nourrisson est mort dans les bras de ma mère en proie à des souffrances atroces – attaques, fièvres, tremblements – alors qu'il n'avait que quelques jours. »

Pendant un moment nous contemplâmes l'espace vide laissé par le bébé mort d'Inky Porter.

« Et c'est pourquoi je suis si agacée par l'hommage rendu à cette clique de Happy Valley, conclut maman. Tous ces livres, ces films et ces discours qui donnent à leur vie un éclat aussi prestigieux. Personne ne mentionne le malheureux bébé mort. »

Maman se mit alors à parler lentement, pour appuyer son propos et me convaincre de ne plus jamais commettre l'erreur de la confondre – elle, ou un autre membre de sa famille – avec la bande de Happy Valley.

« À Eldoret, nous ne vivions pas comme ça. Nous étions entourés de pukka sahibs. Comme Betty Webster et Zoé Foster par exemple – de bonnes personnes, saines, aimant la vie au grand air. »

Tous les gens que connaissait maman avaient des tas de chiens et de chevaux. Ils jouaient tous au cricket ou au rugby deux fois par semaine et faisaient de longues promenades revigorantes chaque soir. Le week-end, toute la communauté faisait du saut d'obstacles ou participait à des gymkhanas et à des courses de poneys.

« C'était épuisant et ça ne laissait pas beaucoup d'énergie pour des activités malsaines », dit maman.

Et une ou deux fois par mois, les gens des environs se déguisaient pour jouer du théâtre amateur, chantaient des chansons grivoises et satisfaisaient le besoin très britannique de voir des travestis.

« On s'amusait d'un tas de façons honnêtes », dit maman.

Pendant que je passais mon année de terminale au Zimbabwe, Vanessa prit une année sabbatique à Londres, où elle travailla vaguement pour une émission de télévision (une pancarte placée au-dessus de son bureau posait une très bonne question : « Que FAIT Vanessa ? »), et voyagea en Afrique sac au dos, en train et en bus, en bateau et à pied. Quand elle rentra à la maison – bronzée et beaucoup plus mince, du fait de s'être montrée trop indécise et polie pour refuser la nourriture qu'on lui offrait, même si celle-ci traînait depuis des jours au soleil couverte de mouches, et d'avoir donc passé le plus clair de son année à essayer de trouver des toilettes propres dans des endroits reculés –, je la pressai de questions sur le Kenya. Avait-elle vu la maison d'enfance de maman ? La lumière était-elle parfaite ? Avait-elle rencontré des pukka sahibs ? Mais Vanessa avait très peu à dire sur le Kenya, et je me sentis frustrée. Elle était allée jusqu'à Nakuru pour voir l'hôpital où elle était née, et avait passé ensuite une quinzaine de jours sur la côte, dans un hôtel bon marché qui s'était avéré être un bordel.

« Il y avait toute la nuit des gens qui frappaient à la porte, dit-elle. Bisou-bisou cinq shillings.

— Fascinant, dis-je.

— Bon sang, répliqua Vanessa, tu es exactement comme grand-oncle Dicken. »

Elle ferma les yeux.

« Ce n'était pas fascinant. C'était dégueu. »

*

Je quittai la maison, me mariai et partis pour le Wyoming avec mon mari américain. Je me consacrai à l'éducation de mes enfants et j'écrivis l'Horrible Livre. Pour la première fois de ma vie j'eus l'occasion de me rendre au Kenya et de voir le pays par mes propres yeux, mais ça n'avait guère de sens d'y aller sans maman, qui me parlait à peine, et n'accepterait sûrement pas de passer des vacances en famille. Puis, deux ans après que l'Horrible Livre eut été publié, tante Glug, dans un accès maniaque, eut l'idée géniale d'assister à la réunion des anciennes élèves de son lycée au Kenya. Elle me téléphona pour m'informer de son projet et me demander si je connaissais le numéro de papa et maman en Zambie.

« Tu vas devoir leur écrire une lettre, dis-je. Ça fait des mois qu'ils ne décrochent plus leur téléphone.

— Typique, commenta tante Glug.

— Je pense que c'est à cause de l'Horrible Livre.

— Euh, oui, dit Glug.

— Je veux aller à votre réunion, insistai-je.

— Tu n'es pas une ancienne élève, objecta ma tante.

— Je suis un peu ancienne quand même. »

J'entendis tante Glug aspirer une longue bouffée de sa cigarette.

« S'il te plaît, tantine, suppliai-je.

— Eh bien, si tu as l'intention d'être une Nièce-Charançon pot de colle, dit-elle, je te laisse le soin de persuader ton papa et ta maman de venir aussi. »

Mais d'emblée, Nicola Fuller d'Afrique centrale ne fut pas enthousiasmée par l'idée de la réunion.

« Ce n'est pas vraiment mon genre. »

Elle fit la grimace.

« Elles vont toutes prétendre qu'elles sont si excitées de voir quelqu'un à qui elles n'ont pas pensé depuis quarante ans ! »

Assises sous l'arbre de l'oubli de la ferme piscicole et bananière de mes parents, dans la vallée du moyen Zambèze, nous avions déjà vidé une bonne partie d'un cubitainer de vin sud-africain médiocre. J'essayais d'être à la fois persuasive et nonchalante, m'efforçant de faire appel au sens de l'aventure très développé de maman sans éveiller son sentiment de méfiance démesuré (qui est en alerte rouge depuis la publication de l'Horrible Livre). Elle but une gorgée de vin.

« Et une chose encore, dit-elle. Elles auront toutes lu l'Horrible Livre et compteront les verres que je bois. Ça va me contrarier. »

Je suggérai :

« Peut-être qu'elles seront soûles elles aussi. »

Maman m'ignora.

« Ou bien elles n'arrêteront pas de dire que les gens du pays sont si joyeux et souriants. »

Elle appuya le front sur le bord de son verre de vin.

« Bien sûr qu'ils sourient toujours ; c'est l'expression la moins susceptible d'éveiller les soupçons. »

J'étais à court d'arguments.

« Eh bien, *c'était* l'école que tu aimais », dis-je.

Elle ne pouvait pas le nier. Une rencontre au couvent aurait été hors de question, mais il s'agissait d'une réunion de Highlands School, où maman et tante Glug étaient allées après avoir quitté les sœurs. L'enseignement y était correct, il y avait un bon professeur de dessin et, tout bien considéré, maman n'avait pas été malheureuse pendant ses quatre années d'études.

« Ça ne veut pas dire que j'ai envie d'en parler avec une bande de vieilles camarades de classe », s'exclama-t-elle avec un frisson.

Mais l'accès maniaque de tante Glug perdura et en septembre, tout était organisé. Les anciennes élèves dispersées dans toute la Grande-Bretagne avaient été ralliées et des chambres réservées au Nyali Beach Hotel, à Mombasa (« Mon Dieu, dit maman, il va y avoir des alcools poisseux et des danses soi-disant traditionnelles pour nous accueillir, avec des ululements et tout le tralala »). Il devait y avoir une excursion en boutre sur l'océan Indien (« La moitié du porte-monnaie des filles y passera », prédit maman), une éventuelle promenade dans les ruelles de la vieille ville arabe (« De quoi mettre à sec l'autre moitié »). Enfin, ils se rendraient en avion à Nairobi, où ils descendraient au Country Club Muthaiga pour la nuit (« Tous ces expats prétentieux jouant les pukka sahibs sur la pelouse »), puis une journée dans un parc à serpents et un safari dans le Masaï Mara. (Maman ferma les yeux. « Non, dit-elle. J'ai des éléphants dans mes bananiers, des crocodiles dans les étangs et des hippos dans mon jardin en veux-tu en voilà. Je n'irai sûrement pas. »)

Néanmoins, en février de l'année suivante, nous arrivâmes tous au Nyali Beach Hotel – une douzaine d'anciennes élèves de la Highlands School d'Eldoret, papa, maman, oncle Sandy, tante Glug (dont l'accès maniaque s'était émoussé lors d'une traversée à pied de la forêt tropicale brésilienne et résorbé dans une douce dépression) et moi. Notre taxi s'arrêta devant une solide barrière en béton et un garde rampa autour du véhicule avec un miroir pour vérifier si des explosifs étaient cachés sous le train arrière.

Dix-huit mois plus tôt, un véhicule rouge tout terrain avait foncé dans les jardins du Paradise Hotel, seul hôtel de Mombasa appartenant à des Israéliens, et forcé la barrière. Soixante touristes israéliens venaient d'arriver et buvaient leur premier verre d'alcool poisseux. Quand le 4 × 4 s'était encastré dans l'entrée, il avait explosé, tuant deux enfants et un adulte israéliens, et neuf danseurs traditionnels kényans. Presque simultanément, deux missiles Strela-2, des missiles sol-air portables, manquèrent de peu un Boeing 757 de la compagnie israélienne Arkia, qui décollait de l'aéroport international de Mombasa. La sécurité du Kenya était encore en cours de réévaluation.

Et le garde kényan chargé de la sécurité se montrait de plus en plus soupçonneux à l'égard de maman.

« *Hujambo, askari !* Comment ça va, gardien ? lui dit-elle. *Pole sana*. Désolée. Ces horribles terroristes, si méchants. »

Elle lui adressa un sourire magnifique, sortit la tête par la fenêtre et dit d'une voix forte :

« Les touristes vont revenir. Vous ne devez pas perdre espoir. »

L'homme fronça le front, l'air nerveux, et demanda au chauffeur d'ouvrir le coffre.

« C'est bien, s'écria maman, l'encourageant, vous devez continuer. Gardez courage. »

Puis elle se lança dans un discours interminable en swahili, s'exprimant posément, d'un ton incantatoire, comme si elle voulait envoûter les personnes parlant cette langue tout en nous excluant.

Libérés du garde perplexe, nous remontâmes l'allée jusqu'à l'hôtel. Le chauffeur de taxi bondit dehors et ouvrit la portière de maman. Elle attendit quelques secondes – de peur que le contact de son pied avec le sol rompît le charme – avant de s'avancer sur le gravier. Elle huma l'air humide et salé, et tendit les bras devant elle. Un instant je crus avec stupéfaction qu'elle allait embrasser le chauffeur. Au lieu de cela, elle lui offrit ses mains et il les prit, l'aidant à se lever. Ils échangèrent des plaisanteries en swahili, une langue dans laquelle maman devait être une comique accomplie car ils durent se soutenir l'un l'autre tant ils riaient fort.

À la réception, maman renifla et essuya ses larmes quand les danseurs traditionnels sortirent pour nous accueillir.

« Bravo, s'exclama-t-elle. C'est magnifique ! »

Quand la danse fut terminée, elle battit des mains avec ravissement et cria :

« *Mzuri sana !* Très bien ! Encore ! Encore ! »

Sa bonne humeur était contagieuse. Les artistes, surpris par un enthousiasme aussi effréné, recommencèrent leur danse.

« Je vais prendre un autre de ces délicieux alcools poisseux », dit maman, se précipitant vers la serveuse qui tenait le plateau.

Papa remplit la fiche d'hôtel sans ses ronchonnements habituels (« Bon sang, qu'est-ce que vous comptez faire, tuer tous les arbres jusqu'au dernier avec cette putain de paperasse ? »). Au lieu de cela, dans la case indiquant « Veuillez signaler vos allergies », il provoqua l'hilarité en écrivant : « LES FEMMES ET L'ALCOOL. » Ensuite, quand il accueillit les anciennes élèves qui se pressaient contre le bureau de la réception, il se montra si chaleureux et courtois que plusieurs d'entre elles battirent en retraite entre les plantes en pot, leurs chapeaux et leurs bananes de travers.

« On fait la fête ? » proposa papa, tendant un verre d'alcool poisseux à tante Glug.

Elle se cala contre un présentoir de bibelots en bois et parut commencer à se poser des questions sur le bien-fondé de la réunion.

Pendant ce temps, maman applaudissait les danseurs et bougeait les hanches en cadence.

« *Asante sana !* Merci beaucoup ! cria-t-elle. Et quelles belles voix, quels sourires charmants vous avez tous ! »

Les danseurs traditionnels s'attroupèrent au soleil sous les acclamations de ma mère. En fait, elle semblait prête à se joindre à eux d'une façon plus ou moins permanente.

« Très bien, intervint papa, sentant que la situation menaçait de dégénérer, ça suffit à présent, Tub. »

Et désireux de prouver que près de quarante ans de mariage n'avaient nullement entamé sa galanterie, il heurta d'un geste malencontreux la tête de ma mère en lui ouvrant la porte du hall de réception qui donnait sur le jardin. Maman alla valser dans les balisiers, en se plaquant la main sur l'œil.

Tante Glug examina son verre d'alcool poisseux.

« Je me demande si ça se marie bien avec le Prozac ? » dit-elle.

Mis à part notre petite troupe venue pour la réunion de Highlands School et un groupe de géologues américains qui étaient allés procéder à des sondages pétroliers en Ouganda, il n'y avait personne à l'hôtel. Et pas grand monde non plus dans les autres hôtels situés le long de la baie. Quelques jeunes garçons à louer ratissaient la plage en quête de vieilles Européennes, mais ne trouvèrent que deux preneuses : une matrone italienne au teint cuivré et une Française délabrée d'environ soixante-dix ans aux genoux défaillants. Sans la foule habituelle de clients où se fondre, les femmes âgées paraissaient doublement désespérées, et les prostitués doublement maltraités.

« Pourquoi diable ne peuvent-elles pas aller se coucher avec un bon livre comme tout le monde ? » demanda maman, l'œil mauvais au-dessus de son verre de Tusker fraîche.

Même au-delà de la principale zone touristique tout avait un air de ville fantôme depuis le choc de l'attentat du Paradise Hotel. M. Faraji, notre guide swahili, nous fit visiter le Fort Jésus, le marché aux épices et il nous accompagna dans les vieux quartiers arabes, mais on avait l'impression qu'une maladie avait dévasté les lieux, emportant le fracas agressif et plein de vie de l'ancienne ville portuaire.

« Oh là là, soupira maman, que c'est triste et silencieux.

— Oui, reconnut M. Faraji. Très silencieux et très triste. »

Maman et M. Faraji se lancèrent donc tous les deux dans une mission destinée à faire revivre Mombasa. Rien ne pouvait atténuer leur excitation, leur curiosité, ni leur détermination à être intensément impressionnés par tout ce qu'ils voyaient. Maman acheta des épices et des paréos *kikoï*, des paniers et des sculptures, des perles et des cartes postales, pendant que M. Faraji marchandait avec les colporteurs pour obtenir le meilleur prix. Maman admira chaque recoin de la ville, fit glisser ses doigts sur la boiserie des portes, plaisanta avec les commerçants et acheta de la nourriture à tous les vendeurs de rue qui lui en proposaient bien que M. Faraji la suppliât de ne rien manger de tout cela.

« Pourquoi pas ? » répliqua maman, en se léchant les doigts.

Je rassurai M. Faraji, lui expliquant que maman était une omnivore extrême. Elle avait mangé des escargots ramassés sur l'allée de la ferme et des cuisses de grenouilles trouvées dans le bush, autour de l'arbre de l'oubli. Une fois, elle avait même englouti un cocktail de crevettes dans la Zambie enclavée de l'époque socialiste, et si ça ne l'avait pas tuée, un peu de nourriture de rue arrosée de bactéries n'y réussirait sûrement pas.

Pendant que nous marchions dans le vieux quartier arabe, M. Faraji voulut nous donner à chacun un brin de souci parfumé à respirer. Maman secoua la tête.

« Oh non, dit-elle. Je serais très offensée si quelqu'un passait devant chez moi en reniflant des herbes. »

Elle enjamba une canalisation fendue qui gargouillait.

« Et je suis sûre que mes tuyaux sentent au moins aussi mauvais que ça. »

Un après-midi, M. Faraji nous emmena sur une plage proche du port. C'était l'emplacement du camp de vacances où les Huntingford avaient séjourné chaque année pendant trois semaines. Nous sortîmes tous du taxi en nous bousculant. Il ne restait aucune trace du lieu de vacances, mais au bout de la plage jonchée d'ordures il y avait une petite cabane où nous nous rendîmes. Il planait dans l'air une odeur d'égouts et de poisson pourri. Un bâtiment de béton inachevé, hérissé de barres d'armature rouillées.

« Eh bien, dit maman, fermant les yeux à demi, c'est ici que nous passions de merveilleuses vacances. »

Par miracle, M. Faraji réussit à trouver des bières fraîches pour tout le monde, aussi nous nous assîmes dans la cabane en tôle pendant que maman dépeignait l'horrible plage telle qu'elle avait été pendant sa glorieuse enfance. Une autre tournée de bières fraîches succéda à la première, le soleil entama sa lente descente au-dessus de la terre, et la mer devint aussi lisse qu'une feuille d'or. D'après ses souvenirs, les vacances à Mombasa avaient été un bonheur sans mélange – les énormes navires entrant dans le port, la recherche des coquillages au fond de l'eau, l'exploration des plages désertes, la nage à l'intérieur du filet de protection contre les requins (ce qui explique peut-être pourquoi maman garde toujours la tête très au-dessus de l'eau, comme si elle scrutait l'horizon pour repérer les ailerons). Le seul inconvénient de ces séjours semblait avoir été le bloc sanitaire.

« C'était très rebutant. Il y avait un grand bâtiment pour les hommes et un autre pour les femmes, et dans nos toilettes, huit trous alignés les uns à côté des autres sans séparation au-dessus d'une grande fosse. »

Maman secoua la tête en se remémorant la scène.

« *Impossible* de se détendre. »

*

Nos journées adoptèrent un rythme prévisible, défini par une agréable routine. Le matin, nous étions réveillés par le crissement cadencé du balai du jardinier sur les allées de sable, et le cri des mainates. L'après-midi, les chameaux longeaient la plage d'un pas nonchalant tandis que, assommés par la chaleur, nous faisions la sieste sous les parasols au bord de la piscine. Le soir, les étoiles apparaissaient peu à peu au-dessus de l'océan Indien, le châtaignier de Guyane secoué par la brise se cognait aux vitres, et une paix dense se déposait sur l'hôtel. L'air était chargé du parfum des frangipaniers, des nénuphars tropicaux et du gardénia.

« Tout a changé, dit maman. Mais certaines choses me paraissent très familières. Des gens merveilleux, des jardins splendides, des marchés excitants, des épices délicieuses, la sensation d'être dans un lieu beaucoup plus ancien que partout ailleurs en Afrique, et une telle *culture*, une telle diversité. Oh, je serai toujours une enfant du Kenya, toujours. »

Après le dîner, maman, papa, tante Glug et oncle Sandy dégageaient une piste de danse dans le restaurant de l'hôtel. Presque tous les soirs, vers dix ou onze heures, nous semblions être les seuls de toute la baie à être encore éveillés, et nous prolongions notre petite fête sur le sable. Dansant au clair de lune, papa et maman apparaissaient tels qu'ils avaient dû être à vingt ans : beaux, optimistes, et conscients d'être le couple le plus excitant qui eût jamais existé.

Le barman mettait Doris Day et maman évoluait dans les bras de papa. « *Gonna take a sentimental journey* » chantaient-ils en chœur. « *Gonna set my heart at ease.* » Ensuite, mes parents dansaient près du bar et je respirais le parfum de ma mère, et l'odeur du tabac à pipe de mon père. « *Gonna make a sentimental journey, to renew old memories.* » Maman se laissait brièvement aller contre l'épaule de papa avant de tournoyer à nouveau dans l'ombre. Même dans l'obscurité presque totale je distinguais un croissant de larmes au bord des paupières de ma mère. « *Got my bag, got my reservations*, chantait-elle avec mon père. *Spent each dime I could afford… Gotta take that sentimental journey, sentimental journey home.* »

Je me tournai vers le bar en soupirant.

« Tiens, Nièce-Charançon, dit tante Glug, poussant près de moi un verre d'alcool poisseux. Ça ne te fera pas de mal. »

Nicola Huntingford, l'Afrikaner et le cheval parfait

Vers 1957

Parfois la mémoire a l'art d'empaqueter plusieurs événements ensemble de façon à les regrouper commodément, ce qui les rend plus faciles à retrouver. Ainsi, maman a tout oublié du cirque qui est venu à Eldoret au milieu des années 1950, mis à part le fait que Nane est reparti avec lui.

« Je suppose que ma mère a pensé qu'il m'avait mise KO une fois de trop, dit-elle, aussi, on l'a jeté en pâture aux lions. »

Sa gorge se serre.

« Et je ne sais pas si c'est ainsi que je l'ai imaginé, ou si c'est réellement arrivé, mais j'ai dans ma tête l'image de Nane s'éloignant sur la route cahotante, enfermé derrière des barreaux, me regardant avec de grands yeux suppliants.

— Oh, c'est affreux », dis-je.

Maman réfléchit un moment.

« Oui, c'est vrai », reconnaît-elle.

Puis elle paraît mal à l'aise et je vois qu'elle ne veut pas avoir l'air d'une ingrate comme ce salopard de Christopher Robin. Elle s'éclaircit la voix et modifie son récit, adoptant un visage impassible pour s'acquitter de cette tâche.

« Eh bien, reprend-elle, je suis sûre que mes parents ne m'ont pas dit à l'époque qu'il serait jeté en pâture aux lions. Je suis certaine qu'ils m'ont raconté que Nane s'était enfui pour rejoindre le cirque. Les trapézistes, les ours dansants, la belle vie. »

Mes grands-parents demandèrent à des amis connaisseurs de rechercher une bête vraiment à la hauteur pour remplacer Nane. Ils songeaient à un pur-sang, un animal intrépide au grand cœur qui s'accorderait avec le courage de ma mère et son habileté au saut d'obstacles. Golden Duckling, la jument choisie par ces amis, venait de Cold Duck et avait été élevée par King Midas.

« C'était un pur-sang, raconte maman, une jolie tête, un beau cou, parfaitement constitué jusqu'au moment où on examinait ses jambes. »

Elle marque un temps d'arrêt pour accentuer l'effet dramatique.

« Elles avaient été sciées. »

Je prends l'air horrifié de circonstance.

« Je sais, dit maman. Nous étions tous dans la cour de l'écurie à Nairobi, pétrifiés par cette apparition, mais nous étions trop polis pour informer les amis censés être des experts qu'ils avaient sélectionné un déchet. Les jambes sciées et les jarrets cambrés (maman tourne les coudes vers l'extérieur pour donner une idée de la malformation du cheval), ce qui signifiait qu'elle tomberait au milieu de tout ce que je pourrais faire. Oh, ajoute-t-elle, et elle avait un caractère absolument effroyable. »

Cependant, ayant reçu une éducation où on ne se plaignait jamais quoi qu'il arrivât ou presque, maman donna courageusement quarante livres de son propre argent pour le cheval (plus d'un demi-siècle plus tard elle se souvient du montant exact avec un ressentiment qui n'a rien perdu de sa force), et la bête fut ramenée à la maison à l'arrière d'un camion.

« Eh bien, Duckling n'était pas l'idéal, reconnaît maman. En fait, elle était assez horrible, mais je n'avais rien d'autre. »

Elle participa donc aux concours de saut d'obstacles comme avant, et continua de contribuer largement au divertissement du public.

« En général, je quittais la piste inconsciente, attachée sur une civière, dégoulinante de sang », raconte-t-elle avec un joyeux sourire.

Pendant un an ou deux, la pur-sang homicide aux jambes sciées mit Nicola KO semaine après semaine et ma mère continua de se hisser hardiment sur la créature pour encaisser de nouveaux châtiments. Puis une succession d'événements presque bibliques – commençant l'année de ses treize ans – lui apportèrent Violet, une jument d'une perfection si remarquable qu'aucun des scores des autres chevaux qu'elle a possédés depuis n'a jamais atteint le niveau de cet animal exemplaire.

« En 1957, il y a eu de terribles inondations à Eldoret, dit maman. L'eau s'est engouffrée dans la ruelle, le *choo* a été immergé, les vaches et les chevaux avaient de la boue jusqu'aux genoux, les routes ont été emportées, les briques en terre de tous les bâtiments étaient détrempées, les murs fléchissaient, le toit fuyait, la lessive ne séchait jamais, les grenouilles se sont installées dans la maison. »

Cela dura des semaines et quand le soleil revint, la communauté était épuisée et il y eut une épidémie de rougeole.

« Ça a commencé dans les villages, puis les vieilles dames d'à côté sont tombées malades, et ensuite la moitié des gamins de mon école ont été atteints, et toutes les sœurs aussi. Ensuite, les réfugiés polonais se sont écroulés et mon père l'a attrapée. »

Mon grand-père dut rester allongé dans une pièce obscure pendant deux mois.

« Le Dr Reynolds lui a interdit de lire, mais bien sûr il ne l'a pas écouté et il s'est abîmé les yeux de manière irréversible. »

Ma grand-mère s'épuisait à soigner les malades. Elle apportait de la viande et du lait dans les villages nandi ; elle allait donner de la soupe et du pain aux vieilles dames. Elle rendait visite aux pensionnaires malades de l'école et apportait du linge propre aux sœurs. Elle nourrissait les réfugiés polonais – « Pour une raison que j'ignore, ils étaient très nombreux à Eldoret, observe maman, et ils prétendaient tous être des comtes et des princesses. Peu probable, à mon avis » – et elle rentrait enfin pour soigner les rougeurs de mon grand-père avec de la lotion calmante à la calamine et lui donner son dîner.

Un matin, dans ce climat de panique, alors que tout le monde était à bout de nerfs, Flip Prinsloo se présenta sur le seuil des Huntingford, le bord de son chapeau trempé de sueur serré dans ses poings, et demanda à voir la maîtresse de maison. Ma grand-mère demanda à Cherito, sa bonne alcoolique, de préparer du thé, et s'installa dans la véranda avec Flip. Ils attendirent tous les deux dans un silence aimable l'arrivée du plateau de thé, ce qui en dit long sur mon aïeule – et sur Flip, en l'occurrence. Le fait qu'il soit venu demander de l'aide à une Britannique indique aussi à quel point l'homme était désespéré.

« Tu vois, explique maman, à Eldoret, il y avait un groupe important de colons très britanniques, comme notre famille. Et il y avait un groupe encore plus nombreux de colons très afrikaners, comme Flip. Et bien entendu les deux groupes ne se mélangeaient pas du tout. »

Elle plisse les yeux.

« La guerre des Boers, dit-elle sombrement. N'oublie jamais la guerre des Boers, Bobo. Eux ne l'ont pas oubliée. »

En 1652, les Hollandais arrivèrent au cap de Bonne-Espérance, sur la pointe sud-ouest de l'Afrique du Sud. Tout d'abord, ils ne se considérèrent pas comme des colons mais comme des travailleurs temporaires, venus faire pousser des légumes pour les bateaux de la Compagnie hollandaise des Indes orientales, qui naviguaient entre la Hollande et l'Indonésie. Mais au début du XVIIIe siècle, des *trekboers* indépendants – des fermiers nomades – quittèrent la compagnie pour partir vers le nord, dans les régions sauvages aux senteurs poivrées, délogeant les Khoïkhoï indigènes. Avec le temps, les trekboers se donnèrent le nom d'Afrikaners (Africains) pour marquer leur sentiment d'une identité nouvelle, distincte et séparée des Néerlandais. Ils acquirent une langue distincte – l'afrikaans –, un hollandais basique mâtiné de toutes les autres langues qui flottaient autour du Cap à cette époque.

En 1795, les Britanniques, cherchant à protéger leurs routes maritimes et alarmés par l'intention d'autres pays européens de bâtir un empire, envoyèrent une expédition au Cap et forcèrent sans difficulté les Hollandais à se rendre, mais ils n'avaient pas prévu – ni reconnu – la sensibilité nationaliste et de plus en plus cohésive des Afrikaners. Au milieu des années 1830, l'autorité britannique avait tant dégoûté les Afrikaners (l'émancipation des esclaves en 1834 avait été la goutte de trop) que douze milliers d'entre eux avaient réagi en émigrant très loin à l'intérieur du pays – le *Grand Trek*, ainsi qu'on l'appela par la suite – et établi deux de leurs républiques indépendantes dirigées par des Afrikaners, l'État libre d'Orange et le Transvaal.

La guerre est le perpétuel fruit mûr de l'Afrique. Il y a tant d'injustice à résoudre, un tel désir de vengeance dans le cœur des gens, une telle corruption invalidante du pouvoir, une ruée si indécente vers les ressources naturelles. Le vent du pouvoir change et le fruit se forme à nouveau, il dégringole sur le sol, chaque guerre étant plus terrible, plus inventive que la précédente. En 1880, les Britanniques confisquèrent la charrette d'un Boer parce qu'il n'avait pas payé ses impôts. Un incident minime, mais il n'en fallut pas plus aux Boers pour riposter en déclarant la guerre aux Britanniques, qu'ils vainquirent en moins d'un an. Ils appelèrent cela leur première guerre d'indépendance. Les Britanniques lui donnèrent le nom de première guerre anglo-boer.

Mais la ruée vers l'or ultérieure de 1886 attira encore plus de Britanniques dans les républiques boers. N'oubliant jamais leur ressentiment, les Afrikaners refusèrent le droit de vote aux Britanniques. Même dans les années 1890, quand les Britanniques furent plus nombreux qu'eux dans les républiques, les Afrikaners maintinrent cette interdiction. En octobre 1899, cela provoqua la seconde guerre anglo-boer, que les Afrikaners appelèrent la seconde guerre de la liberté. Cette fois, les Britanniques ne prirent aucun risque. Quatre cent cinquante mille soldats de Grande-Bretagne, d'Australie, de Nouvelle-Zélande et du Canada vinrent en Afrique du Sud pour combattre moins de soixante mille Boers. Cette fois, la guerre fut plus longue et même plus atrocement ignoble et brutale que la précédente.

Les Afrikaners n'avaient pas d'armée officielle, mais ils vivaient sur le continent depuis deux siècles et avaient la terre dans le sang (pour ne rien dire de leur sang dans la terre). Ils n'avaient besoin ni de casernes ni d'uniformes, ni de généraux pour leur donner des ordres. Ils avaient des chevaux robustes, des hommes forts et des femmes tenaces. Leurs enfants, élevés pour être endurants et autonomes, étaient d'excellents tireurs. D'un autre côté, les soldats britanniques portaient des vestes rouges peu pratiques, qui se détachaient comme des feux de stop sur la blondeur du haut veldt. Ils ne comprenaient pas la langue de ce vaste et triste pays, et ne l'aimaient pas non plus. Ils ne pouvaient gagner cette guerre que d'une manière indirecte – en éliminant les Afrikaners par la faim et la maladie. Entre 1901 et 1902, les Britanniques incendièrent plus de trente mille fermes et placèrent presque tous les enfants et les femmes afrikaners dans les premiers camps de concentration du monde. Vingt-neuf mille Boers moururent à cause des conditions de vie effroyables dans ces camps, ainsi que vingt mille Noirs qui avaient été pris dans les fermes boers où ils travaillaient. Quand un traité de paix fut signé dans la ville de Vereeniging le 21 mai 1902, l'armée britannique avait tué près d'un quart des Boers existants.

Quand il était tout bébé, Flip Prinsloo était venu au Kenya avec ses parents et quarante-sept autres familles afrikaners du Transvaal. C'étaient surtout des *bywoners* (des pauvres métayers qui n'avaient aucun espoir d'acheter leurs propres terres) ou des *hensoppers* (ceux qui s'étaient rendus aux Britanniques pendant la guerre des Boers et qui jugeaient à présent intolérable la honte de cette reddition). Les bywoners et les hensoppers voulaient un grand morceau de terre africaine gratuite et inoccupée pour s'y installer. La dernière chose qu'ils souhaitaient – n'ayant pas fait grand-chose d'autre de mémoire d'homme – c'était se battre ou mourir pour cette terre.

« Mais elle était là et ils y étaient les bienvenus, dit maman. Personne d'autre ne s'y était établi – trop ventée et trop reculée au goût de la plupart des gens. »

Le plateau de Uasin Gishu où se trouve aujourd'hui la ville d'Eldoret avait été occupée à l'époque précoloniale, d'abord par les Sirikwa, puis par les Massaï et enfin par les Nandi. En d'autres termes, les Britanniques le considéraient comme « inoccupé », un vide imaginaire qui les contrariait. Par conséquent, ils l'offrirent aux sionistes comme refuge temporaire pour les Juifs jusqu'à la création d'un foyer national en Palestine. Mais les sionistes rejetèrent la proposition, certains d'entre eux pleurant ouvertement lors de leur sixième Congrès, en 1903, et citant le psaume 137 : « Comment poétiser le poème de YHWH / sur un sol étranger ? / Si je t'oublie, Yeroushalaïm, / que ma droite oublie, /que ma langue colle à mon palais, / si je ne me souviens de toi, / si je n'élève Yeroushalaïm / sur la tête de ma joie[1]. »

Au bord du désespoir, les Britanniques offrirent donc la terre aux Afrikaners du Transvaal qui les abhorraient, et, en 1908, plus de deux cents Boers arrivèrent par bateau à Mombasa, au Kenya. Ils prirent des trains jusqu'à Nakuru, où ils achetèrent des bœufs indigènes, qu'ils dressèrent à tirer des charrettes pendant la longue saison des pluies de mars, avril et mai. À la fin du mois de mai, ils commencèrent à monter depuis la vallée du Rift, gravissant l'escarpement pour atteindre leur nouvelle patrie. Il leur fallut deux mois pour couvrir cent kilomètres, les charrettes patinant dans la boue qui atteignait le

1. Traduction d'André Chouraqui. *(N.d.T.)*

haut des roues, et la forêt dense et infranchissable par endroits. Les trekkers coupèrent des bambous pour créer des chaussées sur les marais. Les charretiers restaient près de leurs bœufs, les encourageant pas à pas sur le sol glissant.

Dans une zone humide en haut de l'escarpement une charrette remplie de sucre s'affaissa sur ses essieux et tout le sucre fondit. Les trekkers passèrent des jours à tenter de l'extraire de la boue, et pendant ce temps une fillette mourut de pneumonie. Les jeunes hommes plantèrent des poteaux et créèrent un site sacré rudimentaire pour les funérailles, et les Afrikaners restèrent stoïques dans le deuil, serrant les dents, les yeux humides. Ils ensevelirent la petite dans un lieu qu'ils baptisèrent Suiker Vlei – le vlei du sucre – et, le lendemain, ils dégagèrent la charrette et poursuivirent le voyage vers le fleuve Sosiani.

« Il y avait à cette époque, raconte maman, un chasseur du nom de Cecil Hoey, qui vivait de l'autre côté de ce qui est devenu Eldoret. Il a cru voir un long flot de fumée serpenter dans l'escarpement, en direction des montagnes. Il s'est alors rendu compte qu'il s'agissait de la toile pâle des charrettes couvertes qui montaient vers le plateau. C'étaient les trekkers. Cecil leur a jeté un coup d'œil et il a prédit la fin de la faune. Il avait raison, car lorsque ces Afrikaners sont arrivés ici ils n'avaient aucun moyen de subsister en dehors de ce qu'ils pouvaient tuer, et ils ont massacré tous les animaux en un rien de temps. »

Les Afrikaners fabriquèrent des herses avec des branches épineuses maintenues par des lanières en peau de zèbre, ils firent du savon avec de la graisse de gazelle et des chaussures en cuir de girafe. Ils mangèrent les bêtes qu'ils abattaient ou prenaient au piège, et vécurent dans des maisons au toit de chaume, construites avec les briques de terre qu'ils faisaient cuire eux-mêmes au soleil de haute altitude.

« Beaucoup de ces gens étaient très frustes, dit maman. Ils n'étaient pas instruits et ne lisaient rien, en dehors de la Bible. Mais ils étaient endurants, pleins de ressources et capables de vivre avec trois fois rien. »

Elle se met à renifler et je vois que cela lui coûte de faire l'aveu suivant :

« Enfin, *la plupart* d'entre eux. Mais certains étaient très chic. Une famille afrikaner l'était *tellement* que la reine mère est descendue chez elle en 1959, lors de sa visite au Kenya. »

Maman marque un temps pour me permettre d'assimiler cette stupéfiante information.

« Imagine seulement, reprend-elle. Notre petite demeure misérable n'aurait jamais été jugée digne d'accueillir un membre de la famille royale, et voilà que ces gens-là – ces Afrikaners chic – recevaient la reine mère ! »

Cherito arriva enfin dans la véranda, vacillante, avec un plateau de thé et une bouteille de vin maison.

« Merci », dit ma grand-mère.

Cherito repartit dans la cuisine, le pas mal assuré. La main de ma grand-mère hésita au-dessus du plateau.

« Du thé, monsieur Prinsloo ? proposa-t-elle. Ou quelque chose d'un peu plus fort ? »

Flip cligna des yeux. Ma grand-mère servit deux verres de vin.

« Au début il brûle un peu, le prévint-elle ; mais ce n'est pas si désagréable une fois qu'on s'y habitue. »

Elle but une gorgée.

« À nous. »

Elle leva son verre.

« Il n'y a personne comme nous, et s'ils ont jamais existé, ils sont tous morts. »

Flip goûta le vin.

« Qu'en pensez-vous ? » demanda ma grand-mère.

Les lèvres de l'homme restèrent collées à ses dents, aussi ne répondit-il pas.

« Pas mauvais, hein ? »

Elle se versa un autre verre.

« À la tienne Étienne ! » dit-elle.

Le deuxième verre était bien meilleur, et partant du principe que le troisième serait d'une qualité encore supérieure, elle se servit à nouveau.

« Aux amis absents ! » s'exclama-t-elle.

Ainsi, lorsque Flip évoqua enfin la raison de sa visite, il trouva ma grand-mère dans des dispositions agréablement conciliantes.

« J'ai vu votre fille monter à cheval », dit-il à brûle-pourpoint.

Ma grand-mère plissa les yeux.

« Vraiment ?

— Son style me plaît, dit-il. Elle a beaucoup de tempérament.

— Eh bien, répondit ma grand-mère, je suppose que c'est une manière de voir les choses. »

Il y eut une longue pause. Flip s'éclaircit la voix.

« Dingaan's Day approche », dit-il.

Chaque année, le 16 décembre, les Afrikaners célébraient partout Dingaan's Day. Date la plus chargée de sens de leur calendrier, elle commémorait une bataille qui avait eu lieu en 1838, lorsqu'une colonne voortrekker avait vaincu les guerriers zoulous de Dingaan sur les rives d'un fleuve du Kwazulu – Natal actuel. En zoulou on l'appelle la bataille *iMpi yaseNcome*, la bataille du fleuve Ncome. En afrikaans, c'est *Slag van Bloedriver*, la bataille du fleuve de sang. Mais quel que soit le nom qu'on lui donne, le résultat fut le même. Ce jour-là – malgré tout ce qui pouvait jouer contre eux – quatre cent soixante-dix Voortrekkers écrasèrent des dizaines de milliers de combattants zoulous. L'eau du fleuve était rouge du sang des trois mille Zoulous massacrés. Il n'y eut aucun mort du côté afrikaner, et seulement trois blessés. C'était la preuve, dirent-ils, que leur tribu avait le droit divin d'exister sur la terre sud-africaine.

Ma grand-mère soupira et considéra avec regret son verre vide.

« Ah oui, dit-elle. Comme le temps passe. »

Flip s'éclaircit à nouveau la voix.

« Je veux battre mon cousin Peter aux courses de Dingaan's Day », dit-il.

Ma grand-mère se redressa. Si une chose pouvait éveiller son intérêt à travers les vapeurs de son vin de figue maison et un déluge d'histoire violente, c'était la course de chevaux.

« Vraiment ?

— Oui, répondit Flip.

— Vous avez un bon cheval ? »

Elle eut un léger hoquet et agita le doigt vers Flip.

« C'est ce qu'il faut pour gagner, dit-elle. Un bon cheval.

— J'en ai un, reprit Flip. Mais j'ai besoin de quelqu'un pour le monter. Mes fils… Bah, n'y pensons pas. »

Il posa la tête dans ses énormes mains.

« Ils ne valent rien. »

Il regarda ma grand-mère avec un regard désespéré.

« Je veux votre fille. »

Ma grand-mère eut un autre hoquet.

« Je la paierai », proposa Flip.

Elle parut horrifiée et agita la main vers lui.

« Non, non, non. Ne soyez pas stupide. »

Elle eut encore un hoquet.

« Vous l'aurez pour rien. C'est gratuit pour les bons amis. Allez-y. Prenez-la. »

Le lendemain après-midi, Flip Prinsloo vint chercher maman à la maison et la conduisit à sa ferme.

« Il avait une bouteille de cognac sud-africain sous son siège, dit maman, et il en buvait de grandes lampées pendant le trajet. Il m'en a proposé, mais je n'aurais jamais touché à une bouteille où un vieil Afrikaner rabougri avait déjà bu. »

Pour se rattraper, Flip lui acheta une énorme tablette de chocolat quand il s'arrêta au Venus Bar pour se réapprovisionner en cognac.

« Ça m'a donné des boutons. J'en ai retenu une leçon essentielle. Si quelqu'un te propose du cognac ou du chocolat, accepte toujours le cognac. »

À la ferme, maman resta seule dans un salon à peine éclairé pendant qu'on préparait le déjeuner.

« Tous les meubles étaient appuyés contre les plinthes et sur les murs une foule d'ancêtres absolument terrifiants me fusillaient du regard », raconte maman.

Le déjeuner fut un moment embarrassant :

« Une épouse très sévère, deux fils imposants et une belle-fille à l'air accablé. »

À part des éclats occasionnels en afrikaans, la famille mangea en silence.

« Je ne comprenais pas ce qu'ils disaient, mais j'ai eu la forte impression qu'ils projetaient de m'assassiner », dit-elle.

Du mouton bouilli – « Effroyable » –, suivi par du café et du ris de veau frit, puis Flip attrapa son chapeau taché et repoussa sa chaise.

« C'est l'heure de faire courir le cheval », dit-il.

Les fils s'essuyèrent la bouche et se levèrent de table. Ils prirent eux aussi leur chapeau en veldskoen.

« *Kom*, dit Flip à maman. On y va. »

La ferme se trouvait au bord du plateau, et bien qu'elle eût appartenu aux Prinsloo depuis cinquante ans, les bâtiments paraissaient inappropriés et rudimentaires face à l'étendue de terre et de ciel qu'ils tentaient de maîtriser. L'endroit avait un air hanté, comme s'il avait été en deuil de son âme d'autrefois. Un palefrenier émergea d'un hangar à bétail sommaire, conduisant trois chevaux : deux hongres d'apparence ordinaire et une jument baie tirant sa corde dans tous les sens.

« *Dit is jou perd*, dit Flip à maman. Voici ton cheval. Violet. »

Maman resta sans voix.

« Je n'oublierai jamais la première fois que je l'ai vue, dit-elle. Je pense qu'elle n'a jamais posé deux sabots sur le sol en même temps. Elle n'était pas grande mais elle avait ces longues jambes élégantes, et un poitrail puissant. Rien qu'en la regardant, j'ai vu qu'elle était capable de courir aussi vite que le vent. »

« Bien, dit Flip. *Opjou merka*. À vos marques. Le premier arrivé au bout du champ de maïs gagne. »

Sans prévenir et sans attendre ma mère, les fils Prinsloo sautèrent sur les deux hongres et s'élancèrent le long du champ.

« Ces Afrikaners ne savaient pas dresser les chevaux, dit maman. Ils se contentaient de leur mettre des mors très cruels dans la bouche et galopaient comme des fous. »

Elle était encore en train de sautiller, essayant de passer la jambe sur la selle, quand Violet se rua à la suite des autres chevaux.

« Je ne sais pas comment j'ai réussi à ne pas tomber, raconte maman. Mais je l'ai fait. J'ai trouvé le moyen de me hisser sur la selle avec la jument en plein galop, j'ai attrapé les rênes et je me suis cramponnée pendant qu'elle filait au bout du champ de maïs. Et j'ai battu les fils, qui étaient tous les deux tombés dans des trous de fourmiliers bien avant la ligne d'arrivée. »

Ce mois de décembre, maman gagna la course de Dingaan's Day avec Violet, devançant Pieter, le cousin de Flip Prinsloo, de plusieurs longueurs. Flip était grisé par la victoire. Il acheta à maman des plaquettes et des plaquettes de chocolat au Venus Bar et proposa de la marier à ses fils.

« L'un d'eux avait treize ans et l'autre était déjà marié, raconte maman. Mais Flip a déclaré que c'était sans importance. Il m'a dit que je pouvais avoir l'un ou l'autre, ou les deux – c'était à moi de décider. »

« Je ne veux pas de vos fils », dit-elle à Flip.

Elle ne voulait pas non plus le chocolat. Elle voulait Violet.

Flip secoua la tête.

« Non, pas le cheval, dit-il.

— Si je ne peux pas l'avoir, je ne la monterai plus », déclara maman.

Flip tripota son chapeau.

« Vraiment ?

— Oui. »

À la fin, maman et Flip conclurent un marché. Elle pourrait emprunter la jument toute l'année pour faire du saut d'obstacles et se promener – tout ce qu'elle voudrait – tant qu'elle la monterait pour lui chaque année à Dingaan's Day.

« Marché conclu », dit maman, serrant une des énormes mains de Flip Prinsloo.

Il prit sa bouteille de cognac sous son siège et but une longue gorgée.

« *Op* Violet », dit-il, proposant à maman de l'accompagner.

Elle porta le goulot à ses lèvres.

« À Violet », répondit-elle en acceptant.

Ainsi, pour la première fois de sa vie, maman gagna toutes les épreuves du concours : le saut d'obstacles, la course, le pole bending.

« Cette jument ne connaissait qu'une vitesse : à fond de train. Personne ne pouvait l'arrêter. Je ne le pouvais pas. Mais je parvenais juste à la guider et tant que je restais en selle, nous gagnions, nous gagnions, nous gagnions. Nous gagnions tout. »

Nicola Huntingford et les Mau-Mau

Une fois par semaine mon grand-père emmenait tante Glug et maman dans l'un des deux cinémas d'Eldoret : le Roxy ou le Lyric. D'une semaine à l'autre, maman se complaisait dans l'agréable tourment de devoir choisir entre les boules de gomme Rowan Tree ou les petits bonbons multicolores de Wilkinson.

« Quand nous arrivions au cinéma, j'étais à moitié morte d'indécision parce que c'étaient de si belles sucreries », dit-elle.

Puis, ayant minutieusement choisi leurs friandises, maman, tante Glug et mon grand-père étaient conduits à leurs places par des ouvreuses habillées comme des singes de joueurs d'orgue de Barbarie avec de drôles de petits uniformes et un fez perché sur le côté de la tête.

Les lumières s'éteignaient, et à travers la brume de fumée de cigarette gris-mauve rétro-éclairée, le spectacle commençait. D'abord une bande d'actualités Pathé, production britannique chauvine qui comprenait toujours une séquence joyeuse pour les sujets éloignés.

« La famille royale s'adonnant à l'équitation ou bien une usine de Manchester déversant des flots de fumée patriotique dans le ciel anglais morose », raconte maman.

Après les nouvelles, il y avait une pause qui permettait aux adultes de rafraîchir leur cocktail et aux Indiens qui géraient le cinéma de transpirer sur les appareils de projection vétustes et empoussiérés.

« Enfin, après beaucoup d'agitation, le plat de résistance, dit maman. D'ordinaire, un film de guerre avec des tas de méchants nazis qui finissaient mal et des soldats anglais héroïques l'emportant sur l'ennemi dominateur. La sonorisation était un désastre, et si c'était un western nous avions de la peine à suivre parce que nous ne comprenions pas leurs accents. »

Maman m'adresse un regard de reproche comme si j'étais personnellement responsable des défauts d'élocution de John Wayne. Puis elle continue d'un ton plus conciliant.

« Bien sûr l'intrigue était très simple, et ça n'avait guère d'importance – une bande de cow-boys réglant leur compte à des troupes d'Indiens. »

Maman renifle.

« Ils menaient la vie dure à leurs chevaux, c'était ce qu'on se disait toujours. »

Nous avons cette conversation sur la route, entre le Cap et Clanwilliam, qui se trouve au nord, dans la province du Cap-Occidental, étant convenus de nous retrouver pour des vacances en Afrique du Sud. Je suis venue du Wyoming et papa et maman ont pris l'avion de Zambie pour me rejoindre. C'est la fin de la saison froide des pluies, et l'air ambiant bourdonne dans l'attente de la chaleur féroce de l'été, qui gagne en intensité d'un instant à l'autre. Chaque journée commence avec le souvenir du froid, mais à midi des ondes brûlantes ébranlent le sol. Maman regarde par la fenêtre, mais je sais qu'elle ne voit pas les plantations d'agrumes, disposées avec soin comme des rangées de pierres précieuses sur le sol couleur de sable pâle le long du fleuve Olifants, pas plus que les fynbos, ces arbustes violet cendré qui recouvrent les flancs des montagnes de cette région. En pensée, maman est de retour à Eldoret, dans un cinéma étouffant, noyé de fumée, au début des années cinquante.

« Et bien sûr ils n'oubliaient jamais l'hymne national, dit-elle rêveusement, posant la main sur son cœur. À chaque séance, ils jouaient *God Save the King* – ou *God Save the Queen*, l'un ou l'autre – et on devait se lever aussitôt, pleins de respect, *God save our gracious Queen, long live our noble Queen. God Save the Queen !* (Maman chante doucement) *"La la la la ! Send her victorious, happy and glorious, Tra la la la la la laaa la la ! God save the Queen."* »

Elle reprend sa voix normale et déclare fièrement :

« Tu savais que la princesse Elizabeth se trouvait au Kenya quand son père est mort ?

— Oui.

— Vraiment ? »

Elle semble douter que j'aie eu réellement connaissance d'un événement impérialiste aussi admirable.

« Oui, eh bien, en février 1952, elle et Philip ont logé au Tree-tops Lodge dans les Aberdares. »

Les yeux de maman se mouillent de larmes.

« Quand Elizabeth est montée dans sa chambre, elle n'était qu'une princesse, et lorsqu'elle en est redescendue, elle était devenue une reine, comme dans les contes de fées. Nous avons tous pensé que le fait qu'elle ait accédé au trône au Kenya était très approprié, très significatif. »

Maman prononce le nom de ce pays avec un long *e* de l'ère coloniale – Keen-ya (/ki nja/), comme si l'Empire britannique teintait encore de rose un quart du globe. Quant à moi, je le prononce avec un *e* bref, postcolonial – Kenya (k nja). Cela agace ma mère que je dise « Kenya » et elle me corrige, répétant « Keen-ya ». Mais son insistance à conserver cette prononciation anachronique me conforte dans l'idée qu'elle parle d'un lieu imaginaire emprisonné à jamais dans le celluloïd d'un autre temps, comme si elle était une tierce personne participant à un film dont les vedettes étaient un cheval parfait, l'incomparable lumière équatoriale et elle-même. La violence et les injustices causées par le colonialisme semblent – dans sa version des événements – avoir eu lieu dans un autre film que personne n'a vu, et n'avoir touché que des gens invisibles.

Ce qu'ils étaient, d'une certaine manière.

Vers la fin des années quarante, le conseil général de l'association centrale des Kikouyou bannis lança une campagne de désobéissance civile. Ils protestaient contre la mainmise des Britanniques sur la terre du Kenya et contre la législation coloniale du travail, qui imposait aux Kényans noirs un système féodal structuré de façon à profiter aux quatre-vingt mille colons blancs.

« Non, s'impatiente maman. Non, non, non, tu n'as rien compris. Eldoret n'a été pris à personne. Avant l'arrivée de l'homme blanc, personne n'y vivait. L'endroit était trop venté et trop lugubre pour les indigènes. Les Nandi habitaient dans les forêts chaudes tout autour du plateau. En plus, ce n'étaient pas des fermiers. Mais des bouviers et des guerriers très indépendants, très sérieux, très sauvages. »

Maman s'interrompt.

« Alors nous nous sommes tous assez bien entendus. »

Puis elle exprime un sentiment courant chez les colons.

« Le problème ne venait pas des Nandi, mais des Kikouyou, qui étaient si difficiles. »

La rébellion, appelée *Muingi* (le mouvement), *Muigwithania* (l'entente) ou *Muma wa Uiguano* (le serment d'unité), prit le nom de Mau-Mau en dehors des cercles Kikouyou. Peut-être était-ce un acronyme de l'expression kiswahili *Mzungu Aende Ulya. Mwafrika Apate Uhuru* – « Homme blanc, va-t'en. Libérons les Africains ». Ou peut-être une prononciation incorrecte de *Uma, Uma* – « Dehors, dehors ».

Les membres du mouvement mau-mau s'unissaient en prêtant serment selon les rites traditionnels kikouyou qui impliquaient, disait-on, le sacrifice d'animaux, l'ingestion de sang humain et animal, le cannibalisme et la bestialité. Ils utilisaient des armes kikouyou traditionnelles – épées, sabres courts, fouet en peau de rhinocéros, et machettes à large lame –

et torturaient fréquemment leurs victimes, les éviscéraient et les massacraient au point de les rendre méconnaissables. Début 1952, les corps de plusieurs policiers kikouyou loyaux envers les Britanniques furent découverts mutilés et ligotés avec des fils de fer, flottant dans des rivières des environs de Nairobi. Peu après, non loin du mont Kenya, des colons fermiers retrouvèrent leurs bêtes éventrées dans les champs, les tendons de leurs pattes sectionnés.

« Non, insiste maman, nous n'aimions pas les Kikouyou. Ils étaient très effrayants et occupés à toutes sortes de choses horribles et bizarres. Ça nous rendait tous très inquiets même sur le plateau. Nous renvoyions les domestiques chez eux avant la tombée de la nuit, nous verrouillions la maison le soir et nous protégions nos fenêtres avec du grillage. Mon père se promenait partout avec son revolver de service et ma mère gardait un pistolet Beretta sous son oreiller. »

Pourtant, il n'arriva rien aux Huntingford ni à aucun de leurs amis. La vie continua, auréolée de sa gloire filmique, vaporeuse. Puis, à la mi-octobre 1952, arriva chez mes grands-parents un message de Babs Owens, porté par l'un de ses palefreniers. Le garçon avait le souffle coupé par la peur. Un insurgé kikouyou était apparu sur le champ de courses.

« Je ne vois pas pourquoi Babs avait eu besoin d'envoyer chercher mon père pour lui porter secours, dit maman. On aurait pu imaginer qu'avec son tempérament elle était capable de le tabasser toute seule ou de lui mordre l'oreille, par exemple, mais elle ne l'a pas fait. Elle a envoyé ce mot à mon père et c'était un gentleman, aussi, il a pris son arme et il est parti de l'autre côté de la route. »

Mon grand-père garda le dos tourné vers les ruines et se fraya prudemment un chemin derrière la piste. Sous la lumière équatoriale crue, les bâtiments croulants du camp de prisonniers de guerre italiens projetaient des ombres bleues fantomatiques.

« La vieille prison abandonnée, sinistre », dit maman.

Brusquement mon grand-père vit le prétendu Kikouyou surgir brièvement au grand jour avant de disparaître dans l'obscurité de l'une des ruines affaissées.

« Mon père s'est rapproché du bâtiment et a tiré un coup de semonce à l'intérieur. Il n'avait pas l'intention d'abattre le type, mais la balle a ricoché sur les murs et l'a atteint – sans le tuer. Juste une blessure. Mais cela relevait de la police et mon père a été embarqué pour comparaître au tribunal. »

Maman secoue la tête.

« Quelques jours de plus et mon père aurait pu abattre un Kikouyou sans problème, parce que les Britanniques avaient entre-temps déclaré l'état d'urgence. Mais cet après-midi-là ce n'était pas acceptable. »

Il y eut un procès et mon grand-père fut condamné à un jour de prison. Il y eut un tollé dans la communauté.

« Mon père devait être le starter des courses cet après-midi-là, explique maman. Il ne pouvait pas passer la journée en prison. Il était le seul à savoir manier les drapeaux du starter. »

Une fois l'état d'urgence proclamé, des soldats britanniques affluèrent dans le pays et des colons blancs s'engagèrent à leurs côtés. À la fin de novembre 1952, huit mille Kikouyou avaient été arrêtés. Mais la tension augmenta encore, et les attaques de colons britanniques se multiplièrent. Avant janvier 1953, les agressions des Mau-Mau contre les colons étaient isolées et visaient seulement les hommes. Mais le 24 de ce mois, les corps mutilés et torturés de la famille d'un jeune colon britannique furent découverts dans leur propriété – Roger Rucks (âgé de trente-sept ans), Esmee, sa femme enceinte (âgée de trente-deux ans) et leur fils Michael (âgé de six ans). Leur cuisinier kikouyou (détail révélateur, son nom et son âge ne figurent dans aucun des rapports) avait aussi été battu et tué à coups de machette.

Les colons renvoyèrent leurs domestiques kikouyou, et les arrestations d'insurgés kikouyou suspects comme de spectateurs kikouyou innocents s'intensifièrent. Fin 1954, les soldats britanniques gardaient prisonniers pas moins de soixante-dix-sept mille hommes, femmes et enfants kikouyou dans des camps de concentration exigus et dépourvus d'hygiène. Ils forçaient les détenus à travailler, et s'ils refusaient, ils les battaient, parfois à mort. Un prisonnier, John Maina Kahihu, décrit l'atmosphère dans ces camps en des termes saisissants : « Nous refusions de faire ce travail. Nous combattions pour notre liberté. Nous n'étions pas des esclaves… Il y avait deux cents gardes. Cent soixante-dix d'entre eux nous encerclaient avec des mitraillettes. Trente gardes étaient à l'intérieur de la tranchée avec nous.

L'homme blanc qui les commandait donnait un coup de sifflet et les gardes se mettaient à nous battre. Ils nous battaient de huit heures à onze heures du matin. Ils nous battaient comme des chiens. J'étais recouvert par d'autres corps – seuls mes bras et mes jambes étaient exposés. J'ai eu beaucoup de chance de survivre. On ne pouvait pas leur échapper[1]. »

Pris de panique, les colons se préparèrent à quitter le Kenya, vendant leurs fermes en hâte et s'embarquant pour l'Australie ou la Grande-Bretagne. Ensuite, ils ne cesseraient de rebattre les oreilles de leurs interlocuteurs avec la lumière équatoriale sublime du Kenya. On les appela les « Quand-nous », comme dans « Quand nous vivions au Kenya… ». Mais tout le monde avait compris que l'ancien Kenya colonial était bien fini. Peu importaient le nombre de soldats britanniques dépêchés dans la colonie et le nombre de Kikouyou abattus ou arrêtés, le pique-nique complaisant de la minorité sur le dos d'une majorité profondément en colère avait vécu.

Vers cette époque, Flip Prinsloo revint frapper chez les Huntingford et demanda à voir ma grand-mère. Cette fois encore, elle s'assit dans la véranda avec lui, et versa deux verres de vin maison.

« À nous, dit-elle, en levant le sien.

— *Ja* », reconnut Flip.

Il fit tourner son verre quelques instants dans sa main avant de le porter à ses lèvres.

1. Extrait de Caroline Elkins, *Imperial Reckoning : The Untold Story of Britain's Gulag in Kenya*, New York, Henry Holt and Company, 2005. *(N.d.T.)*

« Eh bien, dit-il quand la brûlure du vin se fut suffisamment apaisée pour lui permettre de parler. Vous avez perdu cette guerre.

— Oui, nous le savons déjà », répondit ma grand-mère.

Ils terminèrent leur verre presque en silence, puis Flip se leva.

« Nous repartons en Afrique du Sud, annonça-t-il.

— C'est ce que j'ai entendu dire », répliqua ma grand-mère.

Elle leva la bouteille.

« Voulez-vous rester et boire l'autre moitié ?

— *Nee dankie*. Non merci. »

Flip enfonça de nouveau son chapeau en veldskoen sur son crâne. Puis il inspira profondément.

« Si votre fille veut le cheval, je le vends cent livres. »

Il tint bon quelques minutes, comme s'il s'attendait à voir l'argent apparaître sur-le-champ.

« Je vois », dit ma grand-mère.

Flip acquiesça et pendant les instants qui suivirent, la paix fragile qu'ils avaient conclue tous les deux entre les Britanniques et les Boers céda à une méfiance réciproque.

« Au revoir, madame Huntingford, dit-il.

— Dieu vous garde, monsieur Prinsloo », répondit ma grand-mère.

Elle le regarda battre en retraite et se versa un verre de vin fortifiant. Cent livres dépassaient largement le budget des Huntingford. Une annonce apparut sur le panneau d'affichage du club de sport, et une autre sur celui du champ de courses : « À VENDRE : Violet ». Ensuite venait la liste de ses exploits :

« Vainqueur de ceci, de cela et encore autre chose, dit maman. Tout le monde connaissait Violet ; elle n'avait pas besoin qu'on vante ses mérites. »

Maman bouda et refusa de parler à quiconque pendant des semaines.

« Par chance personne ne voulut l'acheter, explique-t-elle. Violet était si difficile. De toute manière, un tas de gens partaient et tout le monde essayait de se débarrasser de ses animaux. Personne n'avait envie de se charger d'une responsabilité supplémentaire. »

À la fin, Flip Prinsloo ne parvint pas à vendre Violet et il dut la donner pour rien à maman. Elle sourit :

« Les Mau-Mau m'ont donc apporté une bonne chose. »

La plupart de leurs amis avaient plié bagage, mais mes grands-parents n'envisagèrent pas tout de suite de quitter le Kenya.

« L'Australie était absolument hors de question, dit maman. Et j'imagine que mes parents considéraient qu'ils n'avaient aucune raison de retourner en Grande-Bretagne. Papa se sentait kényan. C'était son pays. »

Au lieu de partir, les Huntingford achetèrent la moitié d'une ferme dans une longue cuvette basse, à huit kilomètres au nord du champ de courses. Catherine Angleton, la riche veuve anglaise unijambiste chez qui ma grand-mère avait logé pendant la guerre, acheta l'autre moitié à la condition que son fils Martin puisse venir au Kenya pour y vivre.

« Tante Glug m'a raconté que Martin sentait mauvais et avait un front préhensile, dis-je.

— Vraiment ? répond maman en fronçant les sourcils.

— Oui.

— Je suppose que tu vas mettre ça dans un Horrible Livre », dit maman.

J'insiste :

« Alors ?

— Oh, sans doute, réplique-t-elle à contrecœur. Oui, il y avait un petit souci et aucune fille ne voulait sortir avec lui et ça a causé des problèmes beaucoup plus graves.

— Par exemple ? »

Maman me lance un regard.

« Des problèmes plus sérieux, c'est tout », répond-elle sombrement.

Maman avait près de seize ans en janvier 1960, quand le soulèvement des Mau-Mau fut étouffé. Moins de cent Européens avaient été tués. Les sources officielles estimèrent que les soldats britanniques et les rebelles mau-mau avaient tué plus de onze mille Kényans noirs, mais dans un article publié en 2007 dans *African Affairs*, le démographe John Blacker estima le nombre total de morts kényans noirs à cinquante mille, dont la moitié était des enfants de moins de dix ans. L'insurrection avait été réprimée, mais les atrocités commises par les soldats et les colons blancs avaient fait la une en Grande-Bretagne et les Britanniques perdirent le goût de se battre pour la colonie.

« L'indépendance était inévitable », dit maman.

En prévision de l'autonomie du Kenya, les leaders africains firent pression pour obtenir la relocalisation des Kikouyou qui avaient été incarcérés dans les camps de travail et de concentration pendant la révolte des Mau-Mau. En juillet 1960, les fonctionnaires de l'administration arrivèrent dans la ferme des Huntingford et supplièrent mes parents d'accueillir une famille kikouyou. Mon grand-père considéra sa petite propriété, avec ses brise-vent plantés depuis peu et ses terres délimitées avec soin.

« Je ne vois aucune raison de refuser », répondit-il.

Comme prévu, la famille Njoge installa sa demeure en amont de la petite maison au toit de chaume de Martin Angleton. Il vint leur souhaiter la bienvenue dans la ferme.

« Et tout de suite les gens se sont mis à taquiner mon père au club, lui demandant s'il avait publié les bans. »

Maman cligne des paupières, comme si la stupéfaction de cet instant était toujours intacte.

« En fait, Martin était allé demander la main de Mary Njoge. »

Elle plisse les yeux.

« Eh bien, le mariage s'est déroulé sans un seul accroc. Chacun a apporté une tranche de poisson ou autre chose. C'était ça… le nouveau Kenya. »

Elle s'interrompt.

« Alors tu peux dire ce que tu veux, mais nous étions tous très progressistes. »

Elle doit chercher l'autre mot.

« Oui, articule-t-elle enfin. *Égalitaires.* »

En 1961, l'année de ses dix-sept ans, on décida qu'il fallait faire quelque chose de Nicola.

« Mes parents voulaient que j'apprenne à me rendre utile, et ça n'arriverait jamais si je restais au Kenya. »

Ils l'envoyèrent à Londres, dans l'école de secrétariat de Mme Hoster, et la logèrent à Queensgate, dans un foyer pour dames.

« Je n'oublierai jamais – dès qu'on ouvrait la porte, on sentait cette horrible odeur de chou trop cuit. Je suppose que par la suite ils se sont procuré des ventilateurs et ont chassé cette puanteur dans l'ozone, et que ça sent moins mauvais à présent, mais à l'époque toute l'Angleterre empestait le chou bouilli. »

L'école de jeunes filles de Mme Hoster était un établissement très réputé situé à South Kensington, en face du musée d'histoire naturelle, et « dirigé par une bande de lesbiennes redoutables, style bourgeoises campagnardes. Mais des personnes très nobles allaient dans cette école ».

Elle ferme les yeux et les compte sur deux doigts.

« L'assistante du prince Philip, déterminée à être chic. Et la sœur du dalaï lama… éprise de la cause… elle y est allée elle aussi. »

Chaque matin, les élèves de Mme Hoster prenaient place derrière des machines à écrire Remington.

« Environ deux tonnes d'acier, et elles mettaient des disques de musique militaire, et nous étions censées taper en mesure avec les Coldstream Guards. Clic-clac, clic-clac. »

Ensuite maman se met en scène dans le contexte.

« De l'autre côté – pause, ping – pause, ping – pause, ping. C'était mon coin de la classe. »

Et dans l'après-midi, pratique de la sténo.

« Je n'ai jamais été capable de relire ce que j'avais écrit – ça ressemblait aux gribouillages d'une folle à mes yeux. »

Maman soupire.

« J'ai mis plus de temps que toutes les autres à terminer mon stage parce que je n'avais aucune envie d'être secrétaire. Et j'avais des problèmes chroniques de sinusite. »

Elle hésite et se reprend.

« Non, pas vraiment. C'était Londres dans les années soixante. Il se passait tant de choses. Je n'avais aucun problème de sinusite, j'avais des gueules de bois.

— Tu étais une hippie ?

— Une hippie ? répète maman d'un ton glacial. Ne sois pas ridicule, Bobo. Non, c'était l'époque de la guerre froide ; un tas d'intrigues passionnantes et d'histoires louches – l'affaire Profumo, Mandy Rice-Davies, Christine Keeler. Nous étions tous persuadés que les Russes allaient nous faire sauter, c'était terriblement excitant. »

Elle secoue la tête.

« Et je n'avais pas l'intention de mourir en apprenant cette putain de sténo, ça c'est sûr. »

Catherine Angleton proposa d'organiser un bal pour que ma mère sorte dans le monde.

« Et pas du placard, ajoute maman, comme si je m'apprêtais à le suggérer. J'étais censée quitter discrètement ma place derrière la Remington pour être officiellement présentée à la haute société. Mais je n'avais pas envie d'être une débutante. Je n'en voyais pas l'intérêt. De toute façon, les Anglais qui venaient à ces bals étaient du genre à se moquer de moi parce que je venais des colonies. »

Elle soupire.

« Ils auraient tous été affreusement snobs et auraient guetté la moindre faute d'accent ; si j'avais commis une erreur de prononciation minime, ils auraient bondi. »

Des années après, maman s'efforça de nous inculquer des accents convenables, à Vanessa et à moi. Des heures et des heures d'émissions de la BBC se déversèrent dans nos oreilles dans l'espoir que l'anglais d'Oxford déteindrait sur nous. Et elle fit ce qu'elle pouvait pour faire descendre nos voix d'une ou deux octaves – nos accents rhodésiens rappelaient les cris des tamias adénoïdes. Tante Glug trouvait cela charmant. Maman était horrifiée.

Mon accent actuel est atroce lui aussi, selon ma mère – je parle un patois anglo-américain-sud-africain hybride, qui ne ressemble que de très loin à la langue d'Elizabeth II. Ma sœur ne vaut guère mieux. À la fin de son adolescence, âgée de vingt ans à peine, elle est revenue de Londres avec ce que maman appelle « un épouvantable accent cockney nasillard » pour compléter son élocution coloniale.

« Je ne sais jamais si Vanessa essaie délibérément de me faire marcher, ou si elle parle comme ça simplement parce qu'elle s'en fiche », dit maman.

Quand je pose la question à ma sœur, elle tire une longue bouffée de sa cigarette et répond :

« Les deux. »

En plus d'être bombardées d'émissions en anglais d'Oxford, Vanessa et moi dûmes apprendre une liste ahurissante d'interdictions en matière de langage et de vocabulaire. Il était vulgaire de parler d'argent, ce qui nous arrangeait car nous disposions rarement d'une somme digne d'intérêt. (L'argent était aussi censé être gaspillé en frivolités – en 1993, quand maman entra enfin en possession d'un petit héritage à la mort de sa mère, elle le dépensa en livres, en chevaux, en chapeaux de Royal Ascot, et fit un séjour prolongé dans le West End de Londres, où elle vit tous les spectacles qui s'y jouaient.) Il était aussi vulgaire de parler de sa santé.

« Personne n'a *vraiment* envie de savoir comment vous allez, disait maman, alors dites simplement à tout le monde que vous vous portez à merveille. »

Nous devions dire « W.-C. » au lieu de *toilettes*, *véranda* au lieu de *stoep*, *sofa* au lieu de *canapé*, *Comment ?* Au lieu de *Pardon ?* Nous apprîmes qu'il était impoli de demander si quelqu'un voulait « *un autre* » verre. On proposait toujours « un verre » ou « l'autre moitié ».

À l'école, pourtant, les surveillantes nous donnaient du lait de magnésie même quand nous leur disions que nous nous portions « à merveille ». Les professeurs jugeaient *Comment ?* et *W.-C.* grossiers. Elles nous corrigèrent Vanessa et moi, et nous prièrent de dire *pardon ?* Et *toilettes*. Du reste, une partie des élèves de notre établissement croyaient que pour être chic il fallait boire son thé le petit doigt en l'air et prendre un air collet monté. Les autres ne se souciaient pas d'avoir des manières et cultivaient l'antisnobisme. Je faisais de mon mieux pour m'adapter.

« Eh bien, à toi de voir, dit maman. Mais tu ne pourras pas me reprocher de ne pas savoir comment te tenir si tu es invitée à prendre le thé avec la reine. »

En décembre 1963, il fut décidé que le maximum avait été fait pour maman à l'école de secrétariat de Mme Hoster.

« Au bout de deux années pleines, je ne savais toujours pas taper à la machine et j'étais nulle en sténo. »

Ses yeux flamboient.

« Ils ont essayé de me dompter et ils ont échoué. »

Une semaine plus tard, maman s'envola de Londres et atterrit dans la sublime lumière équatoriale de Nairobi.

« Mes cheveux étaient teints en blond et coupés au niveau de l'épaule, une coiffure très sophistiquée, dit-elle. C'était l'époque où on se mettait sur son trente et un pour prendre l'avion et je voulais apparaître sous mon meilleur jour en l'honneur du Kenya. »

Elle portait des chaussures pointues bleu marine et un tailleur en lin bleu pâle.

« Du prêt-à-porter mais ça me donnait l'impression d'être très chic – assez court pour piquer la curiosité mais pas au point de perturber les chevaux. »

Maman sourit.

« Ah, je n'oublierai jamais le premier souffle d'air kényan quand je suis descendue de cet avion – si frais, si parfumé. Et la lumière était si parfaite, et quelle limpidité… pas une once de pollution ! »

Elle me lance un regard.

« Beaucoup de gens ont essayé de la décrire, tu sais, mais presque personne ne peut la capter. Il fallait être là. Il fallait le voir de ses propres yeux. »

Ce que maman ne dit pas, c'est qu'à son retour d'Angleterre, le Kenya était devenu indépendant. En mai 1963, la Kenya African National Union gagna les premières élections générales du pays. Quand la nouvelle des résultats fut connue, des milliers de Kényans coururent dans les rues de Nairobi inondées par la pluie en acclamant : « *Uhuru ! Uhuru !* » Âgé de soixante-treize ans, Jomo Kenyatta, ancien secrétaire de l'association centrale des Kikouyou, s'adressa à la nation, demandant à ce que les différences raciales et tribales soient enterrées en faveur de l'unité nationale.

« Nous ne devons pas nous tourner vers l'amertume raciale du passé, déclara-t-il. Le temps du pardon est venu. »

Le 12 décembre 1964 fut proclamée la république du Kenya, et Mzee Jomo Kenyatta devint le premier président du Kenya.

« Eh bien, oui », dit maman.

DEUXIÈME PARTIE

Oh vaste et triste terre, seule
Sous les grandes étoiles du Sud...
Tu connais la douleur et la souffrance solitaire
Des individus ignorants,
La mort au fin fond du veldt,
Les funérailles si petites...

Die dieper reg. 'n Spel van
die oordeel oor 'n volk,
N. P. VAN WYK LOUW

Tim Fuller sans domicile fixe

Papa est un défenseur de l'adage de la bonne société : « Si vous n'avez rien d'aimable à dire sur quelqu'un, taisez-vous. » Par conséquent, il observe un silence presque absolu au sujet de sa famille. Soyons juste, celle-ci s'est montrée tout aussi muette de son côté, brillant par son absence presque totale dans notre vie. Bien qu'on ne puisse guère reprocher aux parents de papa leur manque d'empressement à nous rendre visite, étant donné les routes minées, l'office infesté de serpents, la plomberie défectueuse et tout le reste.

Parfois une lettre d'une gaieté incorrigible arrivait, envoyée par le plus jeune frère de papa, oncle Toe. Et, à Noël, sa femme, tante Helen, expédiait de temps en temps des cadeaux de contrebande d'une rareté délirante (du maquillage pour Vanessa et moi, des nappes à thé en lin irlandais pour maman). Mais ces contacts peu fréquents semblaient creuser plus encore l'énorme fossé entre les Fuller (nous) qui suaient sang et eau dans le sud de l'Afrique et les Fuller (eux) qui, supposions-nous, avaient une vie douillette dans le Yorkshire, à Londres ou à Oxford.

Et une ou deux fois, sur l'insistance de maman, nous fîmes deux heures de route vers l'ouest, quittant notre ferme de la vallée de Burma pour rendre visite à la seule proche de mon père qui s'était installée en Afrique.

« La cousine Zoo est notre parente par le sang, nous déclarait maman d'un ton sans réplique, et le sang – disait-elle en brandissant le poing – c'est le sang. »

Très britannique, Zoo était une hôtesse scrupuleuse, sinon dévouée. Elle nous traitait, Vanessa et moi, comme si nous étions des perruches en visite qui avaient besoin d'être nourries et mises dans le noir pour la nuit. Elle semblait aimer sincèrement papa, mais se préoccupait surtout du fait qu'un aussi beau parti avait gâché ses chances.

« Votre père était *terriblement* séduisant, *terriblement* prometteur, nous disait-elle. C'était sans conteste notre cousin préféré. »

Par conséquent, elle s'organisait pour loger mes parents chacun d'un côté quand ils étaient sous son toit : maman dans une chambre d'amis, papa enfermé dans l'atelier. Comme si elle espérait qu'une séparation d'une seule nuit suffirait à effacer ou à défaire ce mariage colonial extravagant et déplacé.

Papa était au Kenya depuis deux semaines quand il vint à l'aéroport de Nairobi pour attendre le vol d'Angleterre.

« Je suppose que je venais chercher quelqu'un, j'ai oublié qui, dit-il. Je me souviens seulement d'avoir vu cette blonde descendre de l'avion en tailleur bleu pâle. »

C'était bien entendu maman, arrivant tout droit de l'école de secrétariat pour jeunes filles de Mme Hoster.

« Waouh, tu n'imagines pas à quel point elle était belle, Bobo. Même de loin, tu en avais le souffle coupé ! »

Il se penche et lui tapote la main.

« Tu viens souvent ici ou seulement à la saison des amours ? » demande-t-il. C'est un des vieux gags de papa, empruntés à la *Goon Show* de la BBC, mais ma mère s'illumine comme si elle venait de l'entendre pour la première fois.

Pour sa part, maman fut séduite par le bermuda ample s'arrêtant au genou que portait papa.

« Tout le monde avait ces horribles boxer-shorts moulants d'écolier avec des poches qui pendaient aux fesses », rapporte-t-elle.

Aussi, quand papa lui demanda de l'épouser, moins d'un mois après leur rencontre, maman dit oui. Papa télégraphia en Angleterre la nouvelle de ses fiançailles et son père envoya la réponse suivante : « Est-elle noire ? Stop. Ne fais pas ça. Stop. » Mes parents mirent néanmoins leur projet à exécution. Ils se marièrent à Eldoret le 11 juillet 1964. Les photographies de ce jour-là sont incroyablement déséquilibrées à l'avantage (exclusif) de la mariée : mon grand-père est surpris en train de s'esclaffer au-dessus d'une coupe de champagne, ma grand-mère semble oppressée par l'arrangement floral protocolaire sur son chapeau, tante Glug explose dans sa robe de demoiselle d'honneur, les amies de maman ont l'air soûles (à la manière des pukka sahibs saines, aimant la vie au grand air).

Aucun membre de la famille du côté de papa ne vint au mariage, et leur absence est la pierre d'angle de tout ce qui a suivi. Maman est très entourée, mais papa n'a aucun soutien, et l'effet que cela produira sur lui est évident, il suffit de lire dans ses yeux ce sentiment de méfiance et d'isolement par rapport au monde. Même avec maman à ses côtés sur chacune de ces photos de mariage – spécialement avec elle (rayonnante de confiance sereine, tandis qu'il a une gueule de bois monumentale) –, papa semble profondément seul.

Peut-être à cause de cette inégalité initiale, mes frères et sœurs et moi-même sommes définis moins par mon père que par la culture, l'entourage et la famille de ma mère. Elle est africaine par son orientation, et nous nous considérons donc comme africains. Elle est convaincue d'être à cent mille pour cent écossaise des Highlands, et nous pensons avoir jailli sur le sol africain d'un terreau sauvage et hostile aux Anglais. Nous sommes aux trois quarts anglais mais ce n'est presque jamais pris en compte. Même l'héritage anglican de longue date de Hodge (tous ces évêques et ces pasteurs de l'Église d'Angleterre) est une note de bas de page en comparaison du fait qu'il s'est engagé en tant qu'« Écossais » pour combattre pendant la Seconde Guerre mondiale.

Et bien que mon père soit profondément anglais, quand je suis assez grande pour savoir quelque chose de son histoire, il est déjà engagé dans une guerre africaine et son anglicité a été inhibée par plus d'une décennie passée dans ce continent intransigeant. Sous cet angle, la partie anglaise de notre identité s'inscrit comme un vide, un manque qui se manifeste par des caractéristiques héréditaires stéréotypées : l'allergie à la sensiblerie, le penchant naturel pour le blasphème, l'horreur des mauvaises manières, la méfiance inspirée par l'absence d'humour. C'est mon besoin d'ajouter du contexte et des couches de matériaux à l'ébauche de cette anglicité rudimentaire qui me persuade d'interroger mon père réticent sur lui-même : je recherche le temps qui a précédé sa solitude, le temps où il faisait partie d'une tribu et d'un lieu. Je cherche la personne qu'il était avant de devenir l'homme qui a toujours refusé de demander de l'aide, même si cela mettait nos vies en danger.

Si l'enfance de maman se déroula dans une caserne d'officiers de la Seconde Guerre mondiale reconvertie et joyeusement exiguë, sous la sublime lumière équatoriale qui teintait d'or le plateau de Uasin Gishu battu par les vents, la plus grande partie de l'enfance de papa eut pour cadre Hawkley Place, une maison victorienne froide et spacieuse de Liss, à quatre-vingts kilomètres au sud de Londres.

« Je passais toute ma vie dehors, à regarder la fenaison ou à tourner autour du vacher d'à côté », raconte papa.

Il ouvre son canif et l'utilise pour nettoyer sa pipe, passant distraitement le pouce sur la lame pour vérifier son affûtage.

« Je m'amusais bien », dit-il.

Ses parents avaient passé en Chine les premières années de leur mariage.

« Je pense qu'ils ont dû être heureux là-bas », observe papa sans conviction.

Mais il ne peut fournir ni preuve ni détails car lorsqu'il a fait son entrée le 9 mars 1940 à l'hôpital de Northampton, les sentiments ou l'affection qui avaient pu exister autrefois entre ses parents s'étaient depuis longtemps éteints.

« La Chine, médite maman. Comme c'est merveilleux. Où en Chine ? » demande-t-elle.

Mais avant que papa ait pu répondre, Doris Day surgit dans son esprit.

« Shanghai dans les années trente, s'exclame-t-elle. Qu'est-ce que tu crois ? »

Et elle se met à chanter, évoquant un départ pour Shanghai et une allergie au riz.

« Tra la la la la laaaa », conclut-elle dès qu'elle est à court de paroles, ce qui se produit aussitôt.

C'est le deuxième jour de nos vacances sud-africaines. Papa, maman et moi sommes assis face au jardin d'un paisible pavillon dans les montagnes Cederberg, et nous buvons du thé. En arrière-fond, les tourterelles du Cap saluent la fin de la journée avec mélancolie, « Travaille plus durrr, travaille plus durrr ». Une volée de pintades criaillent dans le champ devant nous. Des aigrettes blanches se pressent dans le ciel pour regagner leur perchoir. Derrière nous, les falaises se teintent d'un rose doré sous le couchant. Mais la rareté de cette paix exceptionnelle est d'autant plus singulière que papa, immobile sur son siège, est en train de parler.

« La plupart des conversations ne sont que de la pollution sonore », dit-il.

À la maison, en Zambie, on l'entend bien avant l'aube entrer dans la cuisine pour préparer son thé, alors qu'il marmonne un bonjour aux chiens, allume sa pipe. Il est généralement sorti du camp, allant et venant le long des tuyaux d'irrigation, occupé à vérifier la hauteur du fleuve, bien avant que le reste de la famille ait bu sa première tasse de thé.

À l'heure du déjeuner – quand les employés de la ferme font une pause et que la terre même semble exhaler de la chaleur – papa s'abrite du soleil exténuant et s'installe sous l'arbre de l'oubli avec son *Farmers Weekly* ou rattrape son retard de mots croisés dans le *London Telegraph* vieux d'un mois, mais cette activité est moins reposante qu'il n'y paraît. Sa pipe se déplace sans arrêt de sa bouche au cendrier, puis (tap-tap-tap) elle est vidée, bourrée à nouveau, allumée, éteinte, curée, remplie et ainsi de suite. À quatre heures de l'après-midi, les ombres qui s'allongent semblent exercer un attrait irrésistible. Il cale sa pipe entre ses dents et quitte le camp à grands pas, repartant dans ses bananiers ou contournant la limite de la propriété. Dans la journée ordinaire de papa, les réminiscences n'ont pas de place.

La mère de mon père, Ruth – « Boofy » – était la plus jeune des six filles Garrard : Garrard, le joaillier de la Couronne, les plus anciens joailliers du monde, fournisseurs de S.A.R, le prince de Galles.

« Et tout le monde supposait qu'étant une Garrard, Boofy avait hérité d'une fortune, dit maman. En fait, ses chevilles épaisses étaient son principal héritage. »

Elle regarde complaisamment ses jambes fines et brunies.

« Pauvre Boofy », dit-elle.

Ce que personne ne dit, bien que nous le sachions tous, c'est que Boofy buvait à un point catastrophique, un legs de sa grand-mère, une alcoolique spectaculaire qui avait perdu la vie après être tombée à la renverse dans la cheminée alors qu'elle était soûle. Il serait logique de supposer que cela aurait dû dégoûter papa des buveurs d'alcool pour le restant de ses jours. Au contraire, seul le fait d'avaler une bouteille de gin à jeun pendant dix ans d'affilée le convaincra qu'une personne a un vrai problème avec l'alcool. De plus, une gueule de bois est presque l'unique mal pour lequel il est susceptible de proposer à quelqu'un une aspirine de consolation. Crises cardiaques, diabète, grippe et migraines sont purement psychologiques à ses yeux. Mais reconnaissez les effets d'une soirée tardive et il se montre inhabituellement attentionné.

« Pas de chance, dit-il, en vous apportant deux comprimés, c'est sûrement quelque chose que tu as mangé. »

Son père, Donald Hamilton Connell-Fuller, était commodore dans la marine britannique (le poste n'a pas d'équivalent dans la vie civile, où il était rétrogradé au rang de capitaine). Aux yeux du monde, il apparaissait comme un homme spirituel, plein de charme et d'une beauté dévastatrice. Mais, « Non, il n'était pas tolérant, dit maman. Et il avait des yeux bleus de poisson mort ».

Elle pose un instant sa tasse et m'offre sa meilleure imitation d'un haddock écorché.

« Il était très ambitieux et très coléreux. »

Donald devint capitaine en 1942, à l'âge de trente-trois ans, et fut nommé commodore juste après, mais il n'atteignit jamais le grade d'amiral, ni même de vice-amiral, et cela le rendit amer.

« Les épouses étaient censées soutenir leurs maris à cette époque, ce qui n'arrangea pas les choses, car la pauvre Boofy se présentait aux dîners du régiment avec une flasque de gin dans son sac à main, et repartait les pieds devant avant que le plat de poisson soit servi », dit maman.

Inquiets et préoccupés par leurs propres déceptions et leurs ambitions contrariées, les Fuller ne faisaient pas grand-chose avec leurs deux jeunes fils. On ne leur lisait pas d'histoires au coucher et on ne les emmenait pas au cinéma, il n'y avait pas de promenades vespérales et très peu de repas étaient pris en commun.

« On nous autorisait quelquefois à monter sur les cuirassés, et c'était excitant, raconte papa. Et de temps à autre, mon père jouait au golf avec Toe et tirait des lapins avec moi. Un été, ils nous a emmenés tous les deux faire du caravaning en Irlande pour les vacances. »

Il marque une pause.

« Une plage solitaire, et il a plu tout le temps. »

Même avec le recul de tant d'années et le continent d'Afrique, magnifique et farouche, entre moi et cette baie irlandaise détrempée, je ressens au fond de mon estomac l'échec morose de ce séjour.

« Mon Dieu, c'est affreux, dis-je.

— Les Anglais après la guerre, explique maman. Si malheureux. Tout ce chou bouilli. »

À présent, dans notre canyon, notre *kloof* isolé dans les Cederberg, les colombes perchées sur l'arbre au-dessus de nos têtes battent des ailes avant de s'endormir pour la nuit. Un babouin solitaire dans les falaises aboie un avertissement et le monde se sent observé par un léopard. Une brise se lève dans la prairie et nous apporte l'odeur de céréales émanant de l'herbe et de la terre desséchée par la chaleur. Un soir ordinaire, nous serions rentrés dans la maison – un réflexe de Centre-Africain contre les moustiques porteurs de paludisme –, mais en cette soirée inimitable, aucun de nous ne bouge, comme au concert, quand personne ne se lève entre les mouvements pour partir.

« De toute façon, dit enfin papa, il y avait toujours Noo. Elle était très bonne, très gentille. »

Et, détail révélateur, la présence d'une nurse de Norland, Irene Stanland – « Noo » –, est perceptible en retrait de chaque photographie que j'ai pu voir de l'enfance de papa, ses mains stérilisées planant hors champ, prêtes à ramener mon père au sourire hésitant et son jeune frère dans la nursery, où ils étaient censés être vus-mais-pas-entendus, comme Blackie.

Blackie était le chat de Noo, et elle l'adorait passionnément. Même pendant les années de rationnement après la guerre, le chat mangeait une livre et demie de steak de premier choix par semaine. Quand il mourut finalement de complications dues à l'obésité, Noo chargea un taxidermiste de Londres de l'empailler dans une position assise, très droite. Il se dressait donc sur sa table de chevet, beaucoup plus mince et élégant que de son vivant et avec le mérite de ne jamais se plaindre.

« C'était la règle en ce temps-là, dit papa. On passait sa vie entière assis droit comme un *i*, et on n'ouvrait la bouche que si on vous adressait la parole. »

Ce fut la terre – le sol sous ses pieds – qui procura à mon père la joie essentielle de son enfance. Chaque année à Noël, et plusieurs semaines pendant l'été, papa et oncle Toe étaient expédiés à Douthwaite Estate, dans les Yorkshire Dales, où ils séjournaient chez leurs grands-parents, l'amiral sir Cyril et lady Edith Fuller.

« Il me suffit de fermer les yeux, dit papa, pour me représenter parfaitement la propriété tout entière. Cinq fermes réunies, les collines vallonnées. Un beau terreau profond… »

Il se frotte les doigts, comme s'il pouvait sentir, même maintenant, la douceur de cette terre tourbeuse.

« Non, ce n'est pas tous les jours qu'on trouve cette qualité de sol. »

Cinq kilomètres de route traversaient des prairies où paissaient les vaches laitières, un tableau pittoresque. Des faisans étaient élevés dans deux hectares de taillis, les torrents regorgeaient de truites et les champs grouillaient de lapins et de renards.

« Nous avions l'habitude de chanter ce cantique à l'église, tu sais ? »

Papa inspire et se met à chanter à mi-voix dans la chaleur porteuse de la nuit sud-africaine :

« Ces pas des temps anciens ont-ils foulé l'herbe des montagnes d'Angleterre ? »

Il secoue la tête en souriant, et vide sa pipe dans sa paume où le tabac brûlé forme une petite pyramide de cendre noire.

Papa a gardé de sa grand-mère lady Edith le souvenir d'une dame très mince et élégante. Il ne se rappelle absolument pas l'amiral sir Cyril et mon arrière-grand-père demeure donc l'homme à la beauté insouciante de la photographie que j'ai découverte chez un détaillant en « Beaux documents historiques dédicacés », dans le Missouri, l'endroit le plus improbable de tous. Au dos du portrait figure un mot ambigu à la grammaire incertaine : « Samedi sa Majesté a remis cinquante-deux décorations aux officiers de la marine et de l'armée, l'un des officiers, le capitaine Cyril Fuller, Royal Navy, a reçu trois décorations, l'ordre de Saint-Michel et Saint-George, l'ordre du Service distingué, et la médaille pour Actes de bravoure en mer. Le capitaine Fuller a rendu des services remarqués au Nigéria, et le ministère du Commerce lui a remis cette médaille en reconnaissance de son courage quand un baleinier a chaviré dans le fleuve Nyong. À cette occasion il a entrepris de sauver l'équipage, et pendant qu'il essayait de redresser le navire il a été repoussé à deux reprises par les indigènes qui se battaient. Il a cependant réussi à sauver beaucoup de vies. »

Je me demande tout haut pour quelle raison les indigènes s'étaient battus.

Papa tire un moment sur sa pipe sans rien dire.

« Est-ce qu'il y avait des baleiniers sur les fleuves nigérians ? s'interroge-t-il enfin. Je suppose que oui. »

Il paraît un peu choqué.

« Tu imagines ça… »

Quand il avait treize ans, ses parents divorcèrent – un événement terrible, terrible à cette époque – et Hawkley Place fut vendu.

« Après cela, dit papa, nous nous sommes retrouvés un peu abandonnés pendant les vacances. »

Donald partait en mer et y restait de façon plus ou moins permanente. Boofy acheta un cottage dans le Sussex (« Une très bonne adresse, mais dans un état plutôt délabré », ajoute maman), juste assez grand pour elle et Noo. Le toit familial, ou ce qu'il en restait, s'évapora, remplacé par des vacances tronquées, l'incertitude des valises à demi défaites, la terreur panique du déracinement.

Oncle Toe et papa étaient expédiés chez différents parents, gentils et/ou dévoués.

« Je me souviens d'une famille, les Shaw, dit papa. Ils étaient drôles, généreux. Ils avaient environ quatre cents chiens, un poney Shetland dans la cuisine et il y avait toujours quelqu'un en train de boitiller avec un bras ou une jambe cassés. Une année, cousin Anti partit environ six mois dans l'Himalaya pour trouver l'abominable homme des neiges. J'étais très impressionné. »

Cinq ans plus tard, papa réagit à cette enfance multiforme, rompant avec des générations de tradition.

« Tout le monde s'attendait à ce que j'entre dans la marine après mes études, mais ça ne m'intéressait pas. J'ai toujours dit que j'étais prêt à me battre s'il y avait une guerre, mais je n'allais pas jouer au petit soldat s'il n'y en avait pas. »

De plus, la mer le déroutait et le laissait la plupart du temps indifférent.

« On ne peut pas y planter une bêche. »

Au lieu de cela, il s'inscrivit dans une école d'agriculture et, avant la fin du premier trimestre, il avait fait une demande d'immigration au Canada.

« J'avais toujours eu en tête d'aller voir comment on vivait de l'autre côté de l'océan. Et je voulais aller dans un pays où il y avait encore des régions sauvages. Pas exactement l'abominable homme des neiges, mais une forme d'aventure, voilà ce que je cherchais. »

Papa fut engagé comme ouvrier agricole dans l'Ontario.

« Chez les McKinley, dit-il. Des gens charmants, mais qui ne buvaient jamais d'alcool. »

Le pub le plus proche se trouvait à trente kilomètres à vélo.

« Ça allait en été, mais je savais que j'allais mourir de froid en hiver. »

Aussi, à la fin de la saison des foins, papa répondit à une petite annonce, s'acheta un ensemble saharien dans un grand magasin de Toronto et partit cultiver des tomates aux Antilles.

Un peu moins d'un an après son arrivée à Montserrat, l'exploitation ferma.

« Production à grande échelle ; pas assez de tomates », dit-il.

Pendant quelques mois, il traîna autour du Beach Club caribéen – « Je dormais sous un palmier, je pêchais en haute mer, je faisais du bateau à voile, je jouais au tennis. Je buvais pas mal d'alcool » –, jusqu'au jour où il échoua sur une île voisine, et travailla dans un hôtel en bord de mer.

« Mon patron était pédé comme un phoque, alors je devais passer toute ma vie à marcher à reculons, dit papa. L'apothéose, ça a été quand ma note de bar a dépassé mon salaire d'à peu près dix livres par mois. »

Papa fut viré. Ensuite, il eut un entretien pour un poste d'aide de camp chez le gouverneur général de la Barbade.

« Mes fonctions étaient très simples. Le matin, je devais sortir les pékinois de lady Stow pour leur promenade quotidienne. Le soir, je devais boire des punchs au rhum et jouer au poker d'as avec le gouverneur. »

Mais ce cocktail plus ou moins prolongé prit fin abruptement quand sir John reçut des instructions du Home Office : en vue de l'indépendance, les Barbadiens devaient être employés partout où c'était possible. Personne ne pouvait prétendre qu'un Bajan n'était pas aussi compétent qu'un Anglais pour promener un pékinois ou boire des punchs au rhum. Papa se trouva de nouveau au chômage.

« Juste à ce moment-là, quelqu'un a parlé d'une place d'arboriculteur en Afrique de l'Est. Ça me convenait parfaitement. »

Papa est donc arrivé au Kenya un après-midi de la fin novembre 1963, et le lendemain matin, il s'est présenté à Robert Stocker, de la compagnie Wattle, pour un entretien d'embauche.

« Vous jouez au rugby ? » demanda Robert.

Papa lui jeta un coup d'œil. Stocker était taillé comme un deuxième ligne, ses cuisses rebondies tenaient tout juste sous son bureau.

« Oui », répondit-il.

Robert leva les yeux.

« Position ? demanda-t-il.

— Ailier.

— Bien. »

Robert nota quelque chose dans le dossier de papa.

« Vous avez un boulot. »

Papa était payé trois fois rien pour un minimum de travail. Le mercredi après-midi, il était censé se présenter à l'entraînement de rugby au Sports Club d'Eldoret, et le samedi il devait participer aux matches. Pendant le reste de la semaine, on lui procurait une Land Rover bringuebalante pour faire le tour de deux mille hectares environ sur le plateau. Il était chargé de mesurer la circonférence du tronc des acacias et de surveiller les quelque centaines de têtes de bétail.

« Quelquefois, pendant mes rondes, je voyais un cobe de Buffon ougandais ou un léopard, raconte papa. Et le monde entier s'arrêtait. Je coupais le contact de la Land Rover, j'allumais ma pipe et j'observais les animaux pendant une heure ou deux. Je perdais totalement le sens du temps, tu sais… c'était merveilleux. »

Les gens demandent souvent pourquoi mes parents n'ont pas quitté l'Afrique. Simplement, cette terre les a possédés. La terre est l'histoire d'amour de maman et c'est la religion de papa. Quand il va du camp sous l'arbre de l'oubli jusqu'au fleuve et revient sur ses pas, il remplit l'engagement sacré de toute une vie envers le sol appris dans l'enfance.

« Apportez-moi mon arc d'or brûlant », chante-t-il à nouveau.

Il s'interrompt et se tourne vers maman.

« Quelle est la suite du poème de Blake, Tub ?

— Apportez-moi mes flèches de désir, chante maman. Apportez-moi ma lance ! Ô nuages dépliez-vous !

— C'est ça, dit papa.

— Apportez-moi mon chariot de feu ! » chantent-ils en chœur.

Mes parents veulent tous les deux être enterrés dans leur ferme de Zambie le jour venu. Papa a choisi comme emplacement un baobab au-dessus des viviers.

« Enveloppe-moi dans un morceau de pauvre tissu et mets-moi dans un trou assez profond pour que les putains de chiens de ta mère ne viennent pas me déterrer », dit-il.

Maman a choisi un arbre à portée de cri de celui de papa.

« Par ailleurs, dit-elle, je souhaite de grandes funérailles élaborées. Chantez le “Hallelujah chorus” du *Messie* de Haendel, portez de grands chapeaux coûteux et jetez-vous dans la tombe après moi. »

Nicola Fuller et la maison parfaite

Nakuru est tiré du mot massaï « poussière » et signifie « lieu poussiéreux », aussi, j'imaginais l'air tourbillonnant, chargé de grains de sable et traversé de colonnes de plastique déchiré. Mais lorsque je m'y rends en novembre 2004, c'est le début de la courte saison des pluies et des nuages couleur de pierre sont suspendus au-dessus de la vallée du Grand Rift. La terre humide est immobile sous une savane blond-vert, et le flux et le reflux des milliers de flamants donnent une teinte rosée au lac Nakuru. Au-dessus de la ville, le cratère du Menengai est placidement moussu, et ne ressemble pas du tout au repaire des démons dansants, le Kirima Kia Ngoma, de la légende. Nakuru, m'apparaît-il, est moins un lieu de poussière rouge qu'un lieu mauve et détrempé.

Je cherche à travers toutes les couleurs de Nakuru et je perçois des signes accessoires de la présence des colons britanniques – le bâtiment massif du War Memorial Hospital, un pub faux Tudor défraîchi, des collecteurs d'eau pluviale qui semblent avoir été conçus par des envahisseurs romains – mais je ne trouve pas Lavender's Corner. Pour cette raison, l'endroit reste tel que maman me l'a décrit dans ma mémoire : « Un ravissant bungalow avec un toit de bardeaux, un énorme arbre à poivre au fond du jardin et une quantité d'enclos pour les chevaux. »

Lavender's Corner demeure ainsi dans mon imagination, parfaite et innocente, comme la version offerte par ma mère qui a vécu dans cette maison miraculeuse. Elle a vingt ans, et sa beauté classique n'a pas été éprouvée par le temps ni par les éléments. Et dans cette partie de son histoire, elle ne travaille pas dans le sens ordinaire du mot. Elle n'a pas encore connu le chagrin, au-delà des tragédies normales et relativement bénignes d'une enfance coloniale typique. Sous beaucoup d'aspects, je reconnais à peine cette personne. C'est la mère de quelqu'un d'autre. Ce n'est pas la mère brisée, splendide et farouche qui est la mienne.

Mes parents emménagèrent à Lavender's Corner peu après leur mariage. Ils amenèrent la Violet bien-aimée de maman ; un chat du nom de Felix ; un berger allemand, Suzy (« l'un des chiens les plus gentils que nous ayons jamais eu », dit papa), et quelques poneys de polo (« des bêtes horribles, maltraitées, qui avaient été sauvées et que personne d'autre ne voulait monter », dit maman). Il y avait aussi plusieurs valises de bottes à talons hauts à la mode et des chaussures pointues (« pas du tout pratiques, et maintenant j'ai des oignons, regarde ! ») ; des malles de lin irlandais ; des cartons de coton égyptien ; des rouleaux de toile ; des pots de peinture ;

des caisses de porcelaine ; une série de gravures de chasse ; quelques pièces d'argenterie ; un moulage en bronze du duc de Wellington montant son cheval favori ; et une batterie de casseroles et de poêles Le Creuset.

« Tu imagines, dit maman, ces casseroles Le Creuset ont survécu à toutes ces années. Même aujourd'hui, les invités les voient dans ma cuisine en descendant l'escalier du jardin et ils disent : "Oh, vos casseroles orangées, si pittoresques ! Je dois les prendre en photo !" »

Mais ces visiteurs de l'arbre de l'oubli ne peuvent savoir qu'ils photographient non seulement les marmites Le Creuset, mais aussi l'ombre de tout ce qui n'est pas parvenu jusqu'ici. Chaque fois que maman a pris le bateau, emménagé dans une autre ferme ou renoncé à un pays, elle a dû évaluer ce qui pouvait tenir dans quelques caisses, ce qu'on pourrait caser à l'arrière d'une Land Rover, ce qui serait susceptible de franchir les frontières d'un pays africain imprévisible. Considérant que maman a toujours déménagé accompagnée d'un effectif d'animaux au grand complet et d'une bibliothèque conséquente, peu d'autres acquisitions précieuses ont survécu au changement d'endroit.

« Perdu, volé, cassé, mort, abandonné », dit-elle.

Après avoir quitté l'école de Mme Hoster en Angleterre, maman a été engagée comme secrétaire dans un cabinet d'avocats d'Eldoret.

« Doris Elwell, l'autre secrétaire, tapait si vite que des étincelles jaillissaient de sa machine, raconte-t-elle. Eh bien, elle avait été sténodactylo au procès de Nuremberg, aussi, elle était injustement avantagée. Et il y avait moi : ding-ding-pause, ding-ding-pause. Toutes les deux ou trois lignes – crac-crac-crac – je devais enrouler la feuille de nouveau et verser des litres de correcteur sur toutes mes fautes. Tout le monde a été immensément soulagé chez Shaw & Caruthers quand je me suis fiancée à Tim parce qu'à cette époque, on n'était pas censée continuer de travailler après son mariage. »

Installée à Lavender's Corner – jeune épousée et heureuse de se retrouver sans emploi –, maman décida de se concentrer sur son art. Elle plaça son chevalet dans la véranda et se mit à peindre.

« Ce que je voyais devant moi, dit-elle, la vallée du Rift sous tous ses aspects. Chaque jour je pouvais faire un tableau différent du même paysage. La lumière changeait sans arrêt, bien sûr. Et la savane, tu sais, ce n'est pas seulement une grosse tache blonde. »

Quand elle était à court d'inspiration, elle sellait Violet et emmenait Suzy pour de longues promenades sinueuses.

« En ce temps-là, la campagne n'était pas quadrillée par des routes et des clôtures, et on pouvait couvrir des kilomètres. »

Papa obtint alors un poste lucratif dans une société allemande de produits vétérinaires.

« Quatre cents personnes avaient postulé pour cet emploi, raconte maman, mais Tim l'a obtenu parce qu'il avait potassé le dictionnaire vétérinaire de Black – "la pénicilline a été découverte en 1928 par Alexander Fleming" – ce genre de chose. Mais ce qui a vraiment impressionné les Allemands, c'était l'extrême britannicité de Tim. Ils étaient soufflés. Avant de l'engager, ils n'avaient jamais réussi à fonctionner sur un mode compétitif dans une ancienne colonie britannique pour des raisons *z*évidentes. N'est-ce pas, Tim ?

— Comment ? dit papa.

— LES *Z*ALLEMANDS, crie maman. INCAPABLES DE FONCTIONNER EN AFRIQUE DE L'EST À CAUZE DE LA GUERRE. »

Le lundi matin, papa laissait maman dans la véranda.

« Elle était toujours entourée de ses chiens, empestant la peinture et la térébenthine », dit-il, et il roulait pendant des jours, en Ouganda, en Tanzanie et au Kenya, vendant des fournitures aux vétérinaires de grands animaux dans des régions reculées.

« On pouvait faire des kilomètres sans voir une seule trace de vie humaine, ou presque. Parfois un berger massaï, ou deux guerriers samburu attendant à l'ombre d'un acacia. Si j'apercevais un autre véhicule, j'étais si heureux que je m'arrêtais pour me présenter. »

Mais papa trouvait du réconfort dans ce vide : les stries solitaires d'une longue route de gravier ; un lit de fortune sous les étoiles, bercé par le chant nocturne des insectes.

« Une fois que tu as goûté à ça, dit papa, tu ne peux plus retourner dans la foule déchaînée. »

Le vendredi soir, papa rentrait à Lavender's Corner. Pour l'occasion, maman retirait sa blouse d'artiste et mettait une tenue respectable.

« Un pantalon corsaire et un joli chemisier en lin », dit-elle.

Ensuite papa fumait sa pipe à la table de la cuisine et l'écoutait raconter sa semaine tout en préparant un ragoût ou un curry dans ses marmites Le Creuset. Ils dînaient tard, avec deux bouteilles de bière fraîche, et regardaient la lune traverser lentement la vallée du Rift.

Le week-end, mes parents avaient des activités plus nobles. Papa jouait au polo. Maman faisait du saut d'obstacles. Ils chassaient tous les deux.

« Si on peut appeler ça chasser, dit maman. C'était plutôt du cross de la pire sorte. »

Les chasses avaient lieu à Molo. À plus de deux mille mètres d'altitude, Molo était l'une des colonies les plus froides du pays. À bonne distance de la route principale de Nairobi, acculés contre la forêt Mau, ses habitants vivaient isolés, sans retenue et sans contrainte.

« Des bons à rien de Happy Valley », dis-je.

Maman secoue la tête.

« Non, répond-elle. Non, non, non. La clique de Happy Valley avait disparu alors. Bon, il restait peut-être un survivant en train de boiter ici ou là. Mais non, les gens de Molo occupaient leur temps à un batifolage très ordinaire. C'est tout. »

Les chasses étaient organisées par un vétérinaire de chevaux anglais qui s'appelait Charlie Thompson, et approuvait complètement toutes sortes de sports sanguinaires : combat de chiens, combat de coqs, échange de femmes. Il avait un nez en bec d'aigle, de minuscules yeux noirs, il fumait la pipe et marchait comme si les articulations de ses hanches étaient bloquées. Des années auparavant, il avait perdu les muscles nécessaires à l'équitation dans un bizarre accident, dont personne ne voulait parler.

« Des histoires à dormir debout », dit maman, mais ça ne l'empêchait pas de monter son étalon, Amos, chaque fois qu'il le pouvait.

« Oh, ce cheval était une bête magnifique, n'est-ce pas, Tim ?

— Oh oui, répond papa. Oui, c'était un très joli cheval, un Thoroughbred noir avec un peu de sang chaud. »

Tandis que je m'étonne que mes parents se souviennent du nom, de la race et de la couleur de cet étalon si lointain, maman reprend :

« Charlie s'attachait simplement à la selle, un modèle anglais classique, et il partait. Il galopait comme un fou ! Il avait aussi des chiens courants, mais au lieu de renards, nous poursuivions des antilopes. »

Les chasses commençaient traditionnellement avec l'un des dîners préférés de Charlie : de la purée de pommes de terre en grande quantité, un cuissot d'un gros gibier récemment abattu, des haricots trop bouillis, des litres de mauvais vin. Il habitait dans une maison en bois de cèdre foncé meublée de fauteuils en cuir usé et de tapis en peau de bêtes dévorés par les mites. Sur les murs s'alignait la collection habituelle de trophées de chasse galeux et de sabres indiens ternis.

« Un millier de chiens hargneux étaient allongés partout et vous regardaient manger », raconte papa.

Et il y avait un perroquet.

« Si vous demandiez la sauce, l'oiseau criait "Va te faire foutre !". »

Le dîner s'achevait généralement avec du porto devant le feu. On éteignait le générateur vers minuit et les invités allaient se coucher d'un pas chancelant, une bougie à la main.

« Et les gens commençaient à se faufiler dans le couloir, dit papa. Maman et moi fermions notre porte à clé.

— Hélas oui, déclare ma mère. Ces gens devaient laisser leurs enfants dans une poussette au fond du jardin jusqu'au jour où ils avaient l'âge d'aller en pension parce qu'ils ressemblaient tous au voisin. »

Le matin, tout le monde se rassemblait dans la cour pour la chasse, les chiens courants gémissaient, s'agitaient et zigzaguaient entre les jambes des chevaux.

« Il fallait être prudent avec une jument comme Violet parce que Amos était terriblement excitable, dit maman. Si on n'y prêtait pas garde, le cheval de Charlie se retrouvait brusquement contre vous, prêt à entrer en action… »

On servait le coup de l'étrier aux cavaliers.

« D'ordinaire, du sherry sec, dit maman, et on avait besoin d'en avaler une bonne rasade parce qu'il pouvait faire atrocement froid et que la chasse était toujours sacrément dangereuse. »

Ensuite les chevaux s'alignaient pour bondir hors de l'enclos en bois.

« C'était avant qu'on leur ait appris à sauter par-dessus les barbelés, aussi, il n'y avait pas d'autre issue, dit maman. Nous franchissions tous à grand-peine ces clôtures d'enclos à bétail incroyablement hautes et ensuite nous foncions dans la brume, le long de la lisière de la forêt, les chiens hurlant et l'antilope bondissant devant nous, et s'échappant le plus souvent, Dieu merci. »

Maman soupire.

« Violet adorait ça. Elle galopait aussi vite que le vent – un si grand cœur, et quels poumons, l'altitude ne la gênait pas du tout. Nous étions toujours loin devant tous les autres.

— Même Amos et Charlie ?

— S*urtout* Amos et Charlie », répond maman.

Ensuite, début août 1965, pendant une chasse de Charlie Thompson, pour la première fois de sa vie, le sang-froid de maman vacilla.

« Nous étions censés bondir hors de cet horrible kraal comme d'habitude, et je l'avais fait des tas de fois avant. Mais ce jour-là, brusquement, le cœur n'y était plus. Je suppose que Violet m'a sentie hésiter parce qu'elle a chancelé et que je suis tombée. »

À la fin, papa a dû monter Violet pour sortir du kraal et maman a fait le tour. Elle a tenu bon jusqu'à la fin de la chasse, mais sa chute l'avait ébranlée d'une façon peu habituelle.

De retour à Lavender's Corner, maman eut seulement envie de rester allongée toute la journée.

« Bien sûr Suzy en avait assez et m'obligeait à la promener, mais l'exercice me donnait la nausée, dit-elle. L'odeur de la peinture me donnait le vertige. La nourriture m'écœurait. Alors je suis allée voir le docteur et j'ai expliqué que j'avais fait cette chute à l'une des chasses de Charlie Thompson et que je ne me sentais pas bien. Il a fait des examens et il m'a dit que j'étais enceinte. J'étais folle d'indignation. J'ai répondu : "Bien sûr que non. On ne tombe pas enceinte à cause d'une chute de cheval. Tout le monde sait ça." »

Cependant, début septembre, les signes d'une naissance imminente étaient indéniables. Maman accepta son état et se mit à lire Shakespeare à son ventre.

« Toutes ces études bizarres censées-aider-les-parents disaient que lire à voix haute à votre fœtus produisait des bébés intelligents et sereins. »

J'insiste :

« Mais Shakespeare ? »

Maman cligne des yeux d'un air défensif.

« Eh bien, on peut très bien commencer par Shakespeare et, à partir de là, se frayer un chemin dans le reste de la littérature. »

Aussi, quand elle vint au monde, le 9 mars 1966, au War Memorial Hospital de Nakuru, Vanessa Margaret Fuller avait été exposée au *Roi Lear*, à *Macbeth*, à *Hamlet*, à la plus grande partie de *Coriolan*, à plusieurs sonnets et à toutes les comédies majeures. Elle avait des cheveux blonds, des yeux bleus et était d'un calme surnaturel. Maman hausse les épaules.

« Comment aurais-je pu savoir que ça la dégoûterait de la lecture pour le restant de sa vie ? »

Maman ramena son bébé à Lavender's Corner et sa vie filmique à l'éclairage parfait se poursuivit comme prévu. Vanessa fit ses nuits presque tout de suite après sa naissance.

« Elle ne faisait jamais d'histoires. Je la nourrissais de temps en temps et je la mettais dans un landau au bas du jardin, dit maman.

— Parce qu'elle ressemblait au voisin ? »

Maman me lance un regard.

« Non, Bobo, Vanessa ne ressemblait pas du tout au voisin, c'est bien dommage pour ton Horrible Livre. »

Elle marque un temps afin de me laisser prendre la mesure de ma honteuse médisance.

« Non, reprend-elle, je la mettais au fond du jardin pour continuer à peindre. »

Elle soupire.

« Je pensais qu'elle était en sécurité parce que c'était une enfant très placide et que Suzy veillait sur elle. Suzy était très protectrice. Gare à quiconque osait s'approcher du berceau de Vanessa ! »

Un bel après-midi ensoleillé de la fin juin, maman mit Vanessa sous l'arbre à poivre, comme d'habitude, et retourna peindre dans la véranda. La fillette était encore trop petite pour s'asseoir ou faire quoi que ce soit à part continuer d'assimiler la quantité indigeste de pièces de Shakespeare que sa mère lui avait lues quand elle était un fœtus. La saison sèche avait commencé et, à cause des feux de bush et de la poussière, il y avait une luminosité très particulière.

« Oh, les couleurs de ce jour-là. Je ne les oublierai jamais. Tout était ocre avec des ombres violettes, dit maman. Tu sais ? On se laisse absorber par le monde. »

Une heure plus tard environ, jetant un coup d'œil sous la véranda, maman se rendit compte que Suzy courait de long en large au bas du jardin, essayant d'attirer son attention. Elle lâcha son pinceau et se précipita sur la pelouse.

« Vanessa avait disparu, dit-elle. J'ai regardé autour de moi comme une folle. Mais je ne la voyais ni ne l'entendais. Enfin j'ai aperçu le landau, six mètres plus loin. Le frein avait lâché, et la voiture avait dévalé la pente et s'était renversée. Vanessa était empaquetée dans la capote sous les couvertures. Elle était rouge comme une tomate sous ce soleil brûlant. »

Maman secoue la tête.

« J'ai eu la peur de ma vie, dit-elle. C'était fini. Je n'ai jamais plus touché à un pinceau. »

Avant la fin de la saison sèche, une accumulation supplémentaire de contretemps et de tragédies bouleversa son existence, et au début de la courte saison des pluies suivante, ma mère se retrouva dans un monde qu'elle ne reconnaissait plus. D'abord, l'un des poneys de polo de papa pourchassa Violet qui s'empala sur une clôture en barbelés.

« Je l'ai découverte debout dans l'enclos, le ventre arraché, le cou en sang, les jambes en loques », dit maman.

Elle fit porter un message urgent à Charlie Thompson, à Molo, et en attendant elle essaya d'appliquer sur les plaies de la paraffine liquide et des poudres antibiotiques May&Baker. Violet tremblait. Le sang ruisselait sur les bras de maman.

Charlie arriva le lendemain. Il secoua la tête.

« Il vaut mieux l'abattre, dit-il. Ce serait vraiment plus charitable. »

Mais en voyant l'expression de maman, il céda et donna à Violet un médicament pour la douleur et un autre pour limiter l'infection.

« Il serait vraiment plus charitable… » recommença-t-il, mais elle secoua la tête. Charlie s'en alla. Pendant un jour et une nuit encore, maman resta auprès de Violet. Toutes les six ou huit heures, l'*ayah* affolée amenait Vanessa dans l'enclos, et maman nourrissait distraitement le bébé sans quitter la jument des yeux.

Quand papa rentra le vendredi après-midi, maman et Violet étaient à demi folles d'épuisement. Maman essayant de maintenir la bête debout, et la jument essayant de mourir.

« Si je la lâche, elle va renoncer », dit-elle.

Papa caressa le cou de l'animal.

« Oui, répondit-il, c'est vrai. »

Il attendit avec sa femme une heure environ. Puis il dit :

« Bien, Tub.

— Je sais », dit-elle.

Elle laissa glisser la corde du licou. La jument soupira, puis se coucha lentement, ployant d'abord les genoux puis, avec un énorme effort, affaissant ses hanches sur le sol. Maman enleva son chandail et le drapa sur les épaules du cheval. Papa la ramena à la maison et l'installa à la table de la cuisine avec un verre de cognac. Il ferma toutes les portes entre maman et le monde extérieur. Puis il revint dans l'enclos, creusa un trou aussi large que possible et abattit Violet d'une balle.

Maman s'alita pendant une semaine, puis une autre. Quand elle fut tentée de rester couchée une troisième semaine, Granny vint d'Eldoret pour la voir. Elle s'assit au bout du lit de maman avec Vanessa sur ses genoux. Maman allaita le bébé et but les tasses de thé que Granny lui apportait. Elle caressa les oreilles de Suzy et permit au chat de dormir sur son oreiller, mais elle ne pouvait pas s'arrêter de pleurer et elle refusait de sortir.

« À quoi bon », demandait-elle sans arrêt.

Elle voulait dire qu'elle avait perdu l'intermédiaire grâce auquel elle comprenait son monde. Elle avait perdu son compas, son système de référence.

« Il me suffisait de regarder entre les oreilles de Violet pour savoir exactement où nous allions », dit-elle.

Enfin, sincèrement préoccupée par la profondeur inconvenante du chagrin de sa fille, ma grand-mère l'emmena chez le médecin, pensant qu'une dose de tranquillisant leur ferait du bien à tous. Le docteur fit quelques analyses puis revint dans son cabinet.

« C'est bien rapide », déclara-t-il.

Maman et Granny levèrent les yeux. Le praticien fronça les sourcils en examinant maman, si pâle et si maigre. Puis il regarda Vanessa, à peine assez grande pour s'asseoir toute seule.

« Vous devriez vous surveiller un peu mieux, madame Fuller », dit-il.

Maman était de nouveau enceinte.

Avec un autre bébé à venir, papa considéra que deux ans et demi passés à rouler sur les routes d'Afrique de l'Est étaient suffisants. Il voulait une ferme, une terre où planter les racines de sa famille grandissante. Il se représentait une version est-africaine de Douthwaite : des vaches laitières, quelques bons chevaux, des torrents à flot toute l'année, des collines vallonnées. Il investit de l'argent dans une propriété en altitude qui correspondait à cette description, mais avant que l'affaire fût conclue, le directeur du cadastre intervint.

« Il m'a emmené prendre un café, raconte papa, et il m'a dit que la ferme que je m'apprêtais à acheter était bonne à prendre. »

Papa comprit.

« Le nouveau gouvernement l'avait mise sur la liste des *shambas*, et elle était destinée à être divisée en petits champs qui seraient répartis entre les indigènes kényans sans terre. Si je l'avais achetée, nous aurions été jetés dehors dans l'année et nous aurions perdu tout notre investissement. »

Mes grands-parents vendirent alors la propriété d'Eldoret à une douzaine de petits fermiers. (« Ils sont venus à la maison avec leur argent serré contre eux, tout près de leur corps, dans les plis de leurs habits, en pièces de un shilling maximum », raconte maman.) Mes grands-parents passèrent quelques mois à Nairobi, mais finalement ils s'embarquèrent pour l'Angleterre une dernière fois, s'installant dans une maison d'ouvrier mitoyenne près de Pangbourne, avec plusieurs caisses de livres, un portrait abîmé par la fumée d'une mariée Huntingford ancestrale ; des tapis usés par tous les chiens qui s'y étaient blottis ; et un canapé qui dégageait un nuage de poussière rouge d'Eldoret si on l'importunait.

Mes grands-parents vécurent en Angleterre et en Écosse pendant le reste de leur vie, mais leurs habitudes restèrent celles de colons kényans – ils faisaient pousser la plus grande partie de leurs légumes dans le jardin, mon grand-père cultivait et séchait son propre tabac, ils faisaient la cuisine sur un poêle à bois, prenaient un cachet de quinine tous les soirs, et buvaient un gin&french sec à onze heures du matin (après quoi, ma grand-mère avait tendance à marcher en rond, à cause, prétendait-elle, d'une jambe gauche trop courte de naissance).

« Quand mon père et ma mère ont quitté le Kenya, ç'a été la fin d'une époque pour nous, dit maman. Glug était déjà en Angleterre, à l'université, aussi, nous n'avions pas d'autre famille, et tous nos amis partaient. Nous n'avions plus le courage de rester. Alors nous avons cherché autour de nous. Où pouvions-nous aller ? Je ne voulais pas suivre mes parents en Angleterre. Ma mère en a eu le cœur brisé, mais je savais que ma vie était en Afrique. »

Ce que maman ne dit pas, mais ce qu'elle entend par là, c'est qu'elle voulait vivre dans une Afrique dirigée par des Blancs. D'une certaine manière, elle n'a pas besoin de le préciser. La plupart des Africains blancs ont quitté le continent, ou sont partis de plus en plus au sud à mesure que les pays africains obtenaient leur indépendance. L'autre vérité qu'elle ne peut se résoudre à dire – du moins pas avec autant de mots – c'est que sa détermination à rester en Afrique-gouvernée-par-les-Blancs a été la décision la plus coûteuse de sa vie. Le prix à payer a été le pire qui soit : celui de la vie et de la mort.

Autour de nous le jardin sud-africain se regroupe pour la nuit. Les pintades ont cessé de criailler et se perchent dans les arbres près des écuries. Les crépitements des insectes diurnes sont remplacés par le coassement des grenouilles nocturnes qui retentit dans la crique et la stridulation des cigales dans les arbres. Les couleurs des parois montagneuses derrière nous virent du rose au gris ardoise.

« Regardez, dit maman. Le soleil est presque couché.

— C'est ainsi », répond papa.

Il y a une pause, puis maman lance les bras en l'air :

« Je suis à sec ! Nicola Fuller d'Afrique centrale souffre d'une grave sécheresse ! »

Papa rit.
« Garçon ! crie-t-il. Barman !
— À l'aide ! hurle maman. Il y a urgence ! »

Nicola Fuller en Rhodésie : premier round

Le dernier jour de nos vacances sud-africaines se lève dans une chaleur étouffante. Pendant la nuit un vent du nord venu du désert a emporté vers le sud les ultimes températures modérées. Nous souffrons tous d'un léger mal de tête – « auto-infligé », dit maman – et, après le petit déjeuner, nous restons assis dans la véranda à boire du thé, trop indolents pour avoir le courage de faire notre habituelle promenade du matin. Papa fume sa pipe. Au cas où un oiseau apparaîtrait, maman a sur les genoux une paire de jumelles qui volent alors vers ses yeux.

« Regarde cette jolie petite chose avec une tête rayée », dit-elle.

Elle consulte son livre d'ornithologie.

« C'est un bruant du Cap, je crois. Oh, on dit ici que c'est un non migrateur *très* commun. »

Elle lance un regard furieux à l'oiseau d'une banalité décevante.

« On n'en voit pas en Zambie, n'est-ce pas, Tim ?

— Quoi ? dit papa.

— LE BRUANT DU CAP ! crie maman. ON N'EN A PAS CHEZ NOUS ! »

Les quelques mots qui ont changé la vie de mes parents étaient si petits qu'ils tenaient largement sur un timbre-poste. « On recherche un gérant pour un ranch de dix mille hectares en Afrique. » L'offre d'emploi, glissée dans les petites annonces en dernière page du *Farmers Weekly* kényan, ne précisait pas le nom du pays où se trouvaient ces dix mille hectares. Ce n'était pas nécessaire.

« Sur le continent, il existait un seul pays innommable, dit maman. La Rhodésie. »

Le 11 novembre 1965, à onze heures GMT très exactement, le gouvernement rhodésien, dirigé par le Premier ministre Ian Smith, avait rendu son pays tabou en présentant une déclaration unilatérale d'indépendance (DUI) à Harold Wilson, Premier ministre britannique. Le télégramme annonçant la DUI devait arriver au 10 Downing Street à l'instant précis où la Grande-Bretagne entamait ses deux minutes de silence traditionnelles pour marquer la fin de la Première Guerre mondiale. La DUI était un défi lancé aux Britanniques qui affirmaient que l'indépendance ne pouvait être proclamée sous la loi de la minorité dominante.

Le lendemain, le 12 novembre 1965, le Conseil de sécurité des Nations unies adopta la résolution 216 qui condamnait la DUI, en tant que fondement illégal d'une « minorité raciste ». Le même jour, la première page du *Rhodesian Herald* titra

LA RHODÉSIE DE LA DUI CONTINUE SEULE. Au-dessus, imprimée en plus petits caractères, une ligne indiquait que la censure d'État avait été imposée. Ce jour-là, pour la première fois dans l'histoire, des colonnes vides apparurent dans le journal. Dans l'esprit du gouvernement rhodésien, le pays était à présent entièrement indépendant de la Grande-Bretagne et il était – et resterait – gouverné par la minorité blanche.

Les « dix mille hectares en Afrique » appartenaient à John Lytton-Brown, un colon kényan.

« Nous ne le connaissions pas, dit maman. Il ne faisait pas vraiment partie de notre milieu. »

En d'autres termes, ce n'était pas un pukka sahib. Papa posa sa candidature pour le poste et en janvier 1967 il s'embarqua à Mombasa pour le Cap, en route pour la Rhodésie. Il emporta des vêtements de rechange, un sac de couchage et son *Dictionnaire vétérinaire* de Black. Maman resta pour faire ses cartons à Lavender's Corner.

« Je n'ai pas eu beaucoup de nouvelles de Tim après son arrivée en Rhodésie, à cause de la DUI, dit maman. Pas de télégrammes, pas de coups de téléphone. Les lettres devaient transiter par le Malawi et portaient le cachet de Blantyre. »

La première lettre que mon père envoya de Rhodésie était sibylline. *Chère Tub*, écrivait-il,

> *Je suis bien installé à Berry's Post. Nous ne sommes pas loin du fleuve Hunyani. C'est un peu à l'écart des sentiers battus. Il y a deux cents hectares de coton, cent hectares de maïs, cent hectares de tournesols. Et*

aussi quatre cents têtes de bétail. C'est une période plutôt sèche, aussi, le gouvernement donne les bêtes pour trois fois rien à n'importe qui, avec un peu de fourrage. C'est ennuyeux que nous ne soyons pas tous réunis. Très bientôt, néanmoins. Vous me manquez.
Avec ma tendresse
Tim

Un mois plus tard, maman se débarrassa de tout ce qu'elle ne pouvait pas transporter et prit le bateau à Mombasa avec Vanessa, Felix, le chat, et Suzy, la chienne. Elle emportait ses livres préférés, le moulage en bronze du duc de Wellington, deux des gravures de chasse, quelques draps, et les casseroles orangées Le Creuset.

« On devinait la Rhodésie bien avant d'y être arrivé, dit maman. On sentait le pays hors la loi, l'État rebelle. »

Et je vois qu'elle aime ces mots – *hors la loi, rebelle* – et qu'ils correspondent à l'idée qu'elle se fait d'elle-même.

« Les navires de guerre britanniques patrouillaient la côte du Mozambique pour empêcher que quoi que ce soit pénètre en Rhodésie via Beira. Les passagers sud-africains et rhodésiens n'étaient pas autorisés à descendre du bateau. Je trouvais ça très excitant. »

Mais maman perdit ses illusions sans tarder. Pendant le trajet en train vers le nord, entre le Cap et Bulawayo, elle vit, horrifiée, le paysage devenir plus sec, plus plat et plus austère. La formule de papa, « c'est une période plutôt sèche », était largement au-dessous de la vérité. En fait, le pays était en proie à l'une des pires sécheresses qu'il eût jamais connues. Dans le Matabeleland, le bétail avait commencé à mourir de soif avant Noël. En janvier 1967, le coton semé tardivement avait poussé de quinze centimètres à peine et les fermiers vaincus avaient commencé à l'enfouir en labourant.

Dans le haut veldt il faisait tout aussi sec. Les plants cultivés séchaient sur pied dans les champs, les arbres sauvages des kopjes ne faisaient pas de feuilles et les serpents assoiffés envahissaient Berry's Post pour boire l'eau de la chienne.

« La ferme construite dans un style espagnol bizarre avait de larges portes-fenêtres, raconte maman. Mon premier matin dans la maison, j'ai trouvé Vanessa face à face avec un cobra qui se dressait de l'autre côté de la vitre, la langue frétillante. J'étais si terrifiée que, dès le lendemain, j'ai engagé Tabatha pour qu'elle la suive partout. »

Maman, épouvantée par l'hostilité de la terre, par l'isolement et la poussière, par le vent tenace, desséchant, comprit qu'elle n'aurait pas l'occasion de porter ses chaussures pointues.

Quelques semaines après leur arrivée, Suzy mourut de la fièvre à tiques, et ensuite Felix fut assassiné.

« Sans doute par les ouvriers, dit maman. Dans cette partie du pays régnait un climat de méchanceté. Les gens n'acceptaient pas la DUI et n'aimaient pas les Blancs. Je suppose que c'est pour cela qu'ils ont tué notre chat. »

Puis, leur deuxième mois à la ferme, mes parents se réveillèrent au milieu de la nuit avec la sensation d'être observés.

« Au pied du lit se tenait le fermier qui avait travaillé dans la propriété avant nous. »

Les yeux de maman pâlissent.

« Du moins, son fantôme. Il s'était suicidé six mois plus tôt, alors il n'était pas vraiment là. »

Malgré la forte chaleur de cette matinée sud-africaine, maman se frictionne les bras comme si elle avait froid. Pour preuve, elle me montre sa peau tout hérissée par la chair de poule.

« Regarde. Rien que d'en parler j'ai des frissons encore aujourd'hui. Je n'oublierai jamais, jamais le moment où j'ai fixé quelqu'un qui n'était pas vraiment là, mais il *était* bien là. Ce n'était pas un mauvais rêve, ni une hallucination, c'était réel. »

Elle lève le menton.

« Spécialement parce que je suis une Écossaise de l'île de Skye, je *sais* qu'il y a des fantômes et des fées parmi nous. »

Elle baisse le front et précise :

« Des vraies fées, pas des folles ni des trucs comme ça. »

Elle boit une gorgée de thé puis scrute le jardin avec ses jumelles pour voir si des oiseaux d'une originalité acceptable sont apparus.

« Non, dit-elle enfin, l'ancien fermier était venu nous prévenir que Lytton-Brown était un escroc. Il ne l'avait pas payé et n'avait aucune intention de nous payer. Il attendrait l'époque de la moisson pour nous virer et empocher tous les bénéfices. N'est-ce pas, Tim ? »

Papa grogne :

« Hein ?

— NOUS VIRER ET EMPOCHER TOUS LES BÉNÉFICES ! » répète maman.

Au moment de la moisson, maman était enceinte de huit mois. Ainsi que l'avait prévu le fantôme de l'ancien gérant, Lytton-Brown congédia mes parents dès que la récolte fut engrangée et refusa de les payer pour le travail de la saison.

« C'était un coup terrible parce que nous avions travaillé si dur et obtenu un si bon rendement malgré les pluies insuffisantes », dit maman.

Papa entama une procédure légale, mais en attendant, mes parents n'avaient plus de maison et presque plus d'argent. Ils vivaient dans leur voiture, « une Chevy six cylindres en ligne de 1950 qui doublait tout le monde mais ne pouvait pas passer devant un poste d'essence sans s'arrêter ».

L'hiver commença tôt, et fut rigoureux.

« Les papayers noircissaient et tombaient, dit papa. Le bas veldt était brûlé par la gelée blanche. Les trous de sonde des gens se solidifiaient avec le gel. Je ne sais pas combien de fermiers ont fait faillite, mais on les voyait assis sur leur derrière dans les rues de Salisbury. »

Papa obtint un emploi de videur dans l'unique boîte de nuit de Salisbury, la Bohême.

« Une boîte très louche, intervient maman. Zilla la charmeuse de serpents, ce genre de choses. »

Je regarde mon père.

« Zilla la charmeuse de serpents ? »

Il rougit et tripote sa pipe, tapotant le fourneau pour faire tomber la cendre et le bourrant de tabac.

« Non, Bobo, c'était une époque très très désespérée, qui exigeait de prendre des mesures très très désespérées, dit maman. Ce n'était pas un boulot facile – imagine les clients en train de s'amuser, armés jusqu'aux dents. Et tu sais comment sont les Rhodésiens – ils ne peuvent pas voir un serpent sans avoir envie de lui faire exploser la tête. »

Au début de l'hiver, par une journée glaciale, le deuxième enfant de mes parents, Adrian Connell Fuller, vint au monde dans la maternité Lady Chancellor de Salisbury.

« Le travail a été très difficile, très solitaire, dit maman. J'ai été traitée très cruellement. Les médecins et les infirmières s'occupaient tous des autres patients. Ils m'ont laissée me débrouiller. Ils savaient sans doute que j'étais la femme sans abri et sans ressources du videur de la Bohême, alors ils ne s'intéressaient pas à moi. »

Et puis l'enfant était né – un bébé blond aux yeux bleus –, et maman avait été submergée par la joie.

« Le plus beau jour de ma vie, m'a-t-elle dit, a été celui où j'ai tenu pour la première fois ce petit être dans mes bras. »

Adrian avait quelques semaines quand papa fut engagé pour bâtir une fonderie dans une mine de nickel, près de Shamva, à quatre-vingts kilomètres de Salisbury. Il n'avait jamais rien construit de plus grand qu'un poulailler mais « c'était bien payé, alors j'ai su me montrer persuasif, dit-il. Je devais faire quelque chose. Nous ne pouvions pas vivre à quatre avec le salaire d'un videur ». Il faisait le plus d'heures possible, laissant maman avant l'aube et rentrant après la nuit.

Un fermier des environs de Shamva, Mike Dawson, permit à mes parents d'habiter gratuitement dans un cottage de sa propriété jusqu'au jour où ils auraient remonté la pente.

« On n'oublie jamais, jamais la gentillesse des étrangers », dit maman, enfonçant dans sa paume son index émoussé par les travaux de force pour appuyer son propos.

« Une telle abnégation, une telle générosité. »

La femme de Mike, Cherry Dawson, était une Australienne déprimée.

« Je pense qu'elle essayait d'être gentille, mais nous étions tous en difficulté. Nous avions tous des problèmes. Elle n'était pas originaire d'Afrique, aussi elle n'avait pas cette politique d'ouverture avec laquelle nous avions tous grandi. Pour elle, nous étions un fardeau supplémentaire. »

De plus, l'organisme d'Adrian semblait affecté par l'hiver très rude.

Les choses se déroulèrent de la façon suivante : Adrian se réveilla avec une poussée de fièvre alarmante et maman lui donna du sirop au paracétamol. Puis, comme elle n'avait ni voiture ni téléphone, elle courut du cottage à la maison principale avec le bébé dans ses bras, tirant Vanessa derrière elle. Elle supplia Cherry de la conduire au dispensaire de Bindura, à une vingtaine de kilomètres.

« J'ai senti qu'elle était contrariée par mon intrusion, sans parler de l'essence consommée pendant le trajet aller-retour, que je n'aurais jamais eu les moyens de lui rembourser. »

Quand Adrian parvint à la clinique, sa fièvre était retombée grâce au paracétamol et on pria maman de le ramener chez elle.

Un jour ou deux passèrent. Maman disposa des couvertures sur la pelouse sèche du cottage, espérant que l'air frais et le faible soleil d'hiver imprégneraient le corps de son enfant et lui redonneraient des forces. Le lendemain matin, Adrian eut une nouvelle poussée de fièvre, elle lui fit avaler une dose de sirop et courut jusqu'à la grande maison.

« Il était évident qu'ils me prenaient tous pour une jeune mère névrosée. Mais c'était faux. C'était un hiver terrible, nous étions tous à court d'argent et Adrian était de plus en plus malade. »

Maman enveloppa donc son enfant dans des couvertures de laine et le garda à l'intérieur. Pendant un jour ou deux, cela parut être la formule magique pour garder son fils en bonne santé.

Mais cela ne dura pas.

Puis maman espéra qu'un temps plus chaud, ou la pluie, purifierait l'atmosphère, ferait retomber la poussière. Et elle scruta le ciel, suppliant l'univers d'intervenir pour la guérison de son fils, comme le font les mères depuis la nuit des temps. La saison très froide s'acheva enfin et un mois de septembre chaud et sec lui succéda. Octobre vint ensuite, avec sa chaleur moite, mais il ne pleuvait toujours pas et Adrian ne se remettait pas.

La troisième semaine d'octobre, les nuages s'amassaient depuis un mois contre le haut veldt et le tonnerre grondait avec violence, mais quand la pluie tombait, elle restait suspendue dans le ciel comme un rideau à moitié baissé, sans toucher le sol. Et un matin de cette troisième semaine, Adrian se réveilla avec de la fièvre, ce qui n'avait rien d'exceptionnel, et il pleurait, poussant une plainte constante et monotone comme s'il n'avait plus l'énergie d'exprimer la nature précise de sa maladie. Maman lui donna du paracétamol et essaya de l'allaiter, mais Adrian refusa de manger et sa température resta élevée même après une deuxième dose de médicament. Une fois encore, maman l'enveloppa dans une couverture et courut vers la grande maison pour supplier Cherry de l'emmener en voiture. Pendant le trajet jusqu'au dispensaire, maman posa ses lèvres sur le duvet soyeux du crâne d'Adrian et l'implora en silence.

« Je t'en prie, ne renonce pas. Ne renonce pas. Ça va s'arranger, tu vas voir. »

Et elle ferma les yeux et s'efforça de se représenter Adrian à douze ans, à dix-huit ans, à trente ans, comme si sa seule volonté pouvait l'entraîner au-delà de la petite enfance. Puis elle marchanda avec Dieu, disant que s'Il devait prendre une vie, il vaudrait mieux lui ôter la sienne.

« Je ne voyais pas comment je pourrais vivre une seconde de plus si Adrian mourait », dit maman.

Quand elle me raconte cela, je me rends compte que, du plus loin qu'il m'en souvienne, il n'y a pas eu un seul instant où je n'aie été consciente du drame, comme si cette notion avait traversé le placenta pour atteindre mes propres cellules. Mais, sur un plan concret, je ne sais rien de ce qui lui est arrivé. Quand j'étais jeune, maman se laissait parfois aller à en parler, mais jamais quand elle était sobre, aussi, son propos devenait confus et pâteux, et manquait de cohérence. Mais en cette chaude fin de matinée dans les Cederberg, j'ai quarante ans, nous ne sommes pas ivres, et le récit de maman est d'une clarté implacable. Aujourd'hui, alors même que j'apprends les détails de cette histoire, je sais déjà comment elle finit. Un élan impossible me saisit : je veux remonter les années et protéger mes jeunes parents de ce qui arrive ensuite.

Cet après-midi étouffant, un message de maman parvint à papa dans la mine de nickel. Il se hâta de rentrer à la maison et la trouva qui attendait dans l'allée, Vanessa dans les bras. Mes parents roulèrent jusqu'à Bindura aussi vite que la Chevy le permettait, mais Adrian n'était plus dans le petit dispensaire. Il avait été transporté en ambulance dans l'hôpital des enfants de Salisbury. Je me représente mes parents traversant la ville à toute allure, maman pâle et mince à vingt-trois ans, Vanessa sur les genoux, papa impuissant et désemparé à vingt-sept ans. Ils sont tous les deux fous d'inquiétude.

Adrian ne se trouvait dans aucun lit de la salle commune et mes parents mirent un bon moment à le découvrir, isolé dans une cellule blanche, dans le quartier des chambres particulières.

« Il était attaché à une planche, ses petits bras immobilisés comme sur un crucifix, avec des tuyaux de perfusions intraveineuses sur la tête. »

La voix de maman est si ténue que je l'entends à peine.

« Et il pleurait encore, poussant cette petite plainte sèche, monotone. »

Vanessa, consciente de la tragédie imminente, fit la seule chose qui lui vint à l'esprit pour rendre la situation normale. Elle réclama son déjeuner. Et l'infirmière, terre à terre comme le sont la plupart des Africains, dit assez gentiment à mes parents qu'ils avaient le choix entre emmener Vanessa manger ou rester pour voir mourir leur fils.

« Il avait une méningite, dit maman. Et c'était trop tard. »

Il y a maintenant un très long silence. Je regarde les montagnes Cederberg d'un gris terne, écrasées sous le soleil de midi. Dans le bougainvillier, les tisserins ont renoncé à leur querelle habituelle. Même les bruants du Cap ordinaires se sont réfugiés dans leurs cachettes rocheuses. Le vent est totalement tombé. Empreint de gravité, le pays tout entier semble tapi dans l'attente des six mois de chaleur sèche à venir. Quelque part dans le quartier des domestiques, un jeune coq chante. Papa a posé la tête dans ses mains.

Maman rompt enfin le silence. Elle dit :

« Je me souviens d'être sortie de l'hôpital et d'avoir été choquée de voir que le monde était toujours là. Tous les jacarandas étaient en fleur. Salisbury était si belle. Les marchands de fleurs étaient dans Meikles Park, les agapanthes étaient sorties, le jasmin si doux. Et j'ai pensé, "Comment tout peut-il paraître normal ? Comment se fait-il que ces gens se promènent ? Comment ne comprennent-ils pas que c'est la fin du monde ?". »

Les médecins mirent maman sous tranquillisants jusqu'à ce que son chagrin disparaisse en un lieu si profond qu'elle était la seule personne à pouvoir l'entendre. De cette manière, tout ce qui concernait la mort d'Adrian devint une blessure d'une lenteur implacable, des bribes de douleur remontant parfois à la surface de façon inattendue des décennies plus tard, comme les éclats d'obus qui émergent des plaies des soldats des années après le choc initial.

« Il n'y a rien de plus terrible que de rentrer chez soi et d'entrer dans la nursery où se trouvent toutes ses affaires – les jouets, le lit, les couches, dit maman. Il ne peut rien arriver de plus horrible à quelqu'un. Alors j'ai pensé, "Il faut que je me reprenne en main". Et j'ai fait ce que je pouvais pour continuer à vivre. »

Puis elle secoua la tête.

« Non. Non, ce n'est pas vrai. Je n'ai pas pu continuer. Je ne pouvais pas. Vanessa demandait sans arrêt : "Où est le bébé ? Où est Adrian ?" Personne ne te dit comment gérer la situation, et je m'en suis très mal sortie. Je ne le supportais pas. J'ai demandé à Cherry de garder Vanessa quelques jours. J'ai pris encore une dose de ces horribles tranquillisants et je me suis allongée dans une pièce obscure avec un oreiller sur la tête. Je ne voulais plus rien entendre. Je ne voulais rien voir. Je voulais arrêter. Juste arrêter d'exister. »

Trois jours après la mort d'Adrian, papa dépensa la moitié de son salaire du mois pour acheter un complet à un tailleur indien dans le quartier de seconde zone. Ensuite, il se rendit à l'hôpital des enfants, prit la petite urne qu'on lui donna, et enterra les cendres d'Adrian dans le cimetière de Warren Hills, au sud de Salisbury.

Je demande :

« Tout seul ? »

Il retient ses larmes.

« Eh bien, ce n'est pas le genre d'événement pour lequel on lance des invitations. »

Quand les cendres d'Adrian furent enfermées dans le mur, la première pluie de la saison commença à tomber. L'eau forma une mare aux pieds de mon père, dans la terre compacte. Le costume du quartier de seconde zone rétrécit, les manches remontant sur ses bras, les jambes du pantalon se retroussant sur les mollets, et la teinture bleue dégoulina sur le sol rouge. Papa resta immobile et mémorisa chaque détail : les buissons de lilas longilignes, les corneilles à scapulaire blanc, la pluie froide sur la terre chaude, la petite tombe solitaire.

Il y a quelques années, mes parents sont revenus pour la voir et ont cherché la plaque en bronze avec le nom de mon frère dessus, mais elle avait été arrachée avec tous les objets de valeur dans ce cimetière, pour être fondue, vendue ou utilisée à autre chose. J'avais toujours cru que la sépulture d'Adrian ne portait pas de nom, mais c'était plus grave encore : sa tombe avait perdu son nom après coup. Sous cet angle, Adrian est très africain : victime des événements, il repose anonyme dans cette belle terre ensanglantée, sans aucune date de naissance ni de décès. Sa tombe est pour ainsi dire vide.

« On ne peut pas blâmer des gens désespérés pour cela », dit papa.

Maman lève la tête, les yeux brillants.

« Bien sûr que si, dit-elle, catégorique. On le doit. »

Et il me semble que mes deux parents ont raison. Que ce soit par désespoir, par ignorance ou par hostilité, les humains ont une capacité infaillible à ne tenir aucun compte des traditions sacrées d'autrui et à profaner les lieux sacrés de leur prochain : les aborigènes palawa perdus à Waternish, les Macdonald pris au piège dans la grotte de Saint-Francis sur l'île d'Eigg, les MacLeod brûlés vifs dans l'église Trumpan, les Boers mourant dans les camps de concentration britanniques, les milliers de Kikouyou massacrés pendant le Mau-Mau, la famille Rucks tuée à coups de machette dans les White Highlands du Kenya, la tombe d'Adrian profanée. Jusqu'au jour où nous serons tous prêts à reconnaître et à honorer les morts des autres, à admettre nos crimes et à pardonner aux autres et à nous mêmes ce que nous avons fait, il n'y aura pas de trêve, pas de dignité et pas de paix.

Avant la fin de la frustrante saison des pluies d'après (encore une sécheresse), Boofy – usée par le gin, les cigarettes et la déception – mourut finalement d'un cancer de la gorge. Elle quittait une existence cruellement inachevée et laissait – pas exactement une fortune – mais une impression de richesse. Supposant à tort que mon père hériterait de l'argent nécessaire pour s'offrir un avocat, Lytton-Brown régla à l'amiable la procédure entamée par mes parents à cause de son refus de payer leur prime. Mes parents déposèrent la somme à la banque – ils ne pouvaient pas en faire grand-chose d'autre ; à cause de la DUI, les dollars rhodésiens ne pouvaient pas sortir du pays – et une semaine plus tard ils partirent pour le Botswana via les chutes Victoria, et s'installèrent dans un camp de tentes au bord du fleuve Chobe.

« Ta mère s'est montrée très courageuse, me dit papa. Ta mère est une dame très courageuse. »

Je les imagine donc au Botswana sur les rives du Chobe : Vanessa jetant toutes leurs petites cuillères en argent dans le fleuve ; papa bourrant sa pipe et pêchant du poisson pour le dîner ; maman blottie près d'un feu de bois de mopane au parfum de térébenthine, les larmes ruisselant sur ses joues.

« Ça va, Tub ? »

Et maman prenant sur elle :

« Tu sais comment c'est. *Smoke gets in your eyes.* »

Puis, chantant faux comme toujours, mais avec le don infaillible de trouver le ton fleur bleue le plus juste :

« *So I smile and say, when a lovely flame dies, smoke gets in your eyes. Smoke gets in your eyes.* »

Nicola Fuller en Angleterre

1969

Maman est profondément superstitieuse : elle refuse de passer sous une échelle ; elle ne regarde pas la nouvelle lune à travers une vitre. Si sa paume la démange, elle la gratte avec du bois et jette une pincée de sel par-dessus son épaule gauche. Elle ne ferme pas les fenêtres pendant un orage, et ne tue pas les araignées. Mais en juillet 1968, pour la première fois de sa vie, elle ne toucha pas rituellement les quatre murs de sa chambre en Afrique avant de s'embarquer pour l'Angleterre. Et au lieu de laisser les portes ouvertes derrière elle, elle s'assura qu'elles étaient toutes solidement fermées, et verrouillées.

« Je ne voulais pas revenir en Afrique, dit-elle. Jamais. »

Sur le bateau qui la ramena en Angleterre, elle emporta les choses suivantes : Vanessa ; moi, à l'état d'embryon (« Conçue à l'hôtel Casino des chutes Victoria. Un peu bas de gamme, je le crains ») ; une gueule de bois due à l'excellent service du train entre Salisbury et Lourenço Marques (« C'était mon anniversaire, et les serveurs portugais nous ont apporté des tas de bouteilles de vin à l'œil ») ; quelques-uns de ses livres préférés ; deux gravures de chasse ; le bronze de Wellington et les casseroles Le Creuset.

Le MS *Oranje* (connu plus tard sous le nom de MS *Angelina Lauro*) était le bateau le plus sinistre que maman eût jamais pris.

« Il y avait un tas de mineurs zambiens et de missionnaires américains à bord. Ce n'était vraiment pas drôle. »

Mais ce qui semble avoir perturbé maman encore plus que cette morne compagnie fut le fait que la moitié des femmes à bord avaient acheté la même robe qu'elle, « une chose informe d'un beige grisâtre. C'était tout ce qu'il y avait en Rhodésie à cause des sanctions – des rouleaux entiers de ce coton d'une couleur affreuse, avec lequel on avait fabriqué ce modèle hideux et importable ».

Maman bouda dans sa couchette et ne voulut pas regarder par le hublot. Quand le navire quitta le port, elle tourna le dos à l'Afrique et refusa pendant le reste du voyage de se précipiter sur le pont avec les autres passagers chaque fois qu'on apercevait la terre : la tache verte indistincte de la côte du Kenya ; le chatoiement orangé de la Somalie et du Soudan. Et quand le bateau franchit le canal de Suez, elle mangea du riz blanc et se plaignit d'avoir des nausées matinales à cause de la puanteur du canal. Elle ne monta sur le pont que lorsque l'Angleterre apparut. Elle regarda l'île émergeant de la brume épaisse d'une journée d'été humide, et s'efforça de se sentir britannique.

Rien ne frémit en elle.

*

Pour commencer, mes parents louèrent à un marin de la marine marchande une maison mitoyenne à Stalybridge, dans le Cheshire.

« Il n'y avait pas de double vitrage. On voyait, on entendait et on sentait tout ce que faisaient les voisins. »

Et chaque fois que mes parents essayaient de profiter des longues soirées d'été, les moqueries fusaient. « Le Conseil des ministres prend le thé sur la pelouse. » Papa et maman empruntèrent donc de l'argent, ils achetèrent une petite ferme décrépite près de Glossop, dans le Derbyshire, et vécurent dans la grange.

« Le toit fuyait, les fissures des murs laissaient passer les courants d'air, il n'y avait ni électricité, ni eau courante, ni toilettes, raconte maman. Juste un seau dans un hangar à l'arrière. »

Mais le parc de Peak District était tout près, « un peu d'espace en plein air », et ils avaient un bout de terre à eux.

Papa trouva le travail qu'il pouvait en ville. Maman éleva des lapins, engraissa des poulets, nourrit des cochons et but un demi-litre de bière par jour, remboursé par la sécurité sociale.

« À cette époque, on disait que boire un demi-litre de Guinness par jour était très bénéfique pour les femmes enceintes, explique-t-elle.

— Tu en es certaine ?

— Bien sûr que oui. Il y avait même une publicité : “La Guinness, c’est bon pour la santé.” »

Maman soupire.

« Ça ne garantissait pas pour autant d’avoir de beaux bébés. Quand ils t’ont mise dans mes bras, j’ai eu une sacrée peur. Des cheveux noirs, une peau jaune et l’expression la plus désagréable qu’on puisse imaginer chez un nouveau-né.

Elle me fixe en plissant les yeux.

« Tu n’as pas quelquefois l’impression d’avoir été échangée à la naissance ? »

La nouvelle de mon arrivée parvint à mon père très tôt le matin du 29 mars 1969. Papa nourrit les animaux et déposa Vanessa chez une voisine dont le mari, Kevin, s’apprêtait à lui vendre une affaire de plaques minéralogiques, avec en prime un ex-prisonnier de guerre espagnol colérique, qui les fabriquait et donnait un cachet authentique au nom de l’entreprise, Continental Car Plates.

« Où est Kevin ? demanda papa à la femme du voisin.

— Au pub. »

Mon père consulta sa montre. Son admiration pour Kevin grandit de manière exponentielle.

« C’est très héroïque de sa part. »

Il se rendit lui-même au pub et trouva Kevin qui buvait un coup rapide avant le petit déjeuner pour soigner sa gueule de bois, mais en apprenant que maman avait mis au monde un rejeton, il posa bruyamment sa pinte sur le comptoir du bar et cria :

« Champagne ! » La journée de travail fut annulée, les amis réunis, et les heures de visite du matin manquées. Ce fut seulement vers deux heures de l'après-midi que papa reprit tout d'un coup ses esprits et se souvint qu'il n'avait pas encore acheté de cadeau pour la jeune accouchée.

« Bonne idée », dit Kevin.

Les deux hommes en avalèrent donc un dernier pour la route et firent le tour de Glossop en voiture pour trouver un cadeau.

« Qu'est-ce que Nicola aime ? demanda Kevin.

— Les chiens, répondit papa. Elle a beaucoup plus d'affection pour les chiens que pour la plupart des gens.

— Un chiot, alors ? »

Papa se frotta le menton.

« Il vaut mieux pas, dit-il. Si on fait ça, elle est capable d'ignorer le bébé.

— Très juste, observa Kevin.

— La culture aussi… elle adore les livres, l'opéra, l'art, ce genre de chose. »

Kevin regarda par la fenêtre d'un air dubitatif.

« Foutaises », dit-il.

Papa se laissa aller à une rêverie pensive.

« Je pense que je pourrais mieux me concentrer avec un verre devant moi, déclara-t-il enfin.

— Moi aussi » s'exclama Kevin, et ils firent un détour par le pub le plus proche, où ils discutèrent des différentes possibilités en buvant un cognac : un cheval fut écarté parce que trop grand ; un service à thé en porcelaine fut rejeté parce que trop banal ; et ils jugèrent tous les deux qu'une soirée aux Proms, les *Henry Wood Promenade Concerts* présentés par la BBC, serait coûteuse et bruyante.

« Tous ces braillements au Royal Albert Hall », commenta Kevin.

Il but son cognac cul sec et posa son verre à l'envers sur sa tête. Papa le considéra un moment, puis se leva d'un bond.

« Je sais ! Un chapeau ! Elle adore les chapeaux ! Si on achetait un chapeau ?

— Un chapeau ? répéta Kevin d'un ton hésitant.

— Un chapeau et une robe, alors », déclara papa.

Les deux hommes roulèrent donc dans la rue principale jusqu'au moment où ils trouvèrent un magasin pour dames suffisamment chic.

« Très bon après-midi, dit papa à la femme qui se tenait derrière le comptoir. Je paye comptant ! Vous faites des remises pour bonne conduite ? »

Kevin s'écroula dans un fauteuil près des cabines d'essayage.

« Ne vous inquiétez pas pour lui, dit papa à la vendeuse. Ç'a été une dure journée. Maintenant, qu'est-ce que vous avez dans le... (il siffla et fit tourner ses hanches plusieurs fois)... rayon ? »

Il essaya plusieurs tenues, mais finalement la vendeuse et Kevin tombèrent d'accord sur une minirobe rose à festons et une toque en satin assortie. Ensuite, les deux hommes décidèrent d'un commun accord que ce serait un horrible gâchis de ne pas offrir à la robe une sortie appropriée avant de la plier avec soin dans un paquet cadeau. Par conséquent, ils traînèrent encore dans quelques bars, achetant du champagne, des fleurs et des cigares en chemin, jusqu'au moment où ils calculèrent que l'heure des visites de l'après-midi devait approcher.

« Et ne ménage pas ta monture ! dit papa. Nous ne voulons pas être en retard. »

Il y eut un moment de confusion dans le parking de la clinique quand mon père débattit avec Kevin de l'intérêt d'apparaître dans la maternité affublé de cette tenue.

« Elle est un peu défraîchie. Tu ferais peut-être mieux de remettre ton costume », suggéra Kevin.

Mais les boutons et les fermetures éclair de la robe eurent raison des deux hommes, et à la fin, ils décidèrent que le mieux était l'ennemi du bien.

Maman secoue la tête.

« Tu imagines la scène, dit-elle. Ton père faisant irruption dans la salle en minirobe rose, les bras chargés de fleurs et de champagne, tirant des bouffées de son cigare, et un Kevin très soûl zigzaguant derrière lui. »

« On va fêter ça ! cria papa.

— Pour l'amour de Dieu, c'est une clinique, siffla maman. Mets une sourdine.

— Désolé », dit papa, un instant assagi. Et il entonna sotto voce : *« Hallelujah ! Hallelujah ! Hallelujah ! Hallelujah ! For the Lord God Omnipotent reigneth ! Hallelujah ! »*

Maman se boucha les oreilles.

« Non Tim, non. Ne chante pas. Et pour l'amour de Dieu, *pas* le "Hallelujah Chorus" du *Messie* de Haendel. »

La porte s'ouvrit toute grande et l'infirmière en chef entra comme un ouragan pour voir ce qui se passait.

« Enchanté », s'écria papa en s'inclinant.

La femme se figea sur place. Papa glissa une rose derrière son oreille et se mit à danser la samba sur les paroles d'Harry Belafonte.

« *Work all night on a drink of rum,* chanta-t-il, agitant son cigare dans les airs. *Daylight come and me wan' go home.* »

« J'ai cru que j'allais passer un sale moment, raconte maman. Mais l'infirmière a tiré une bouffée du cigare de papa et elle s'est écriée : "Oh, c'est si romantique, juste comme Barbara Cartland." »

Ensuite sa voisine de chambre a fondu en larmes parce que son mari n'était pas romantique.

« C'était un ouvrier de la filature de coton et il avait des hémorroïdes, explique maman. Quand il venait en visite, il devait s'asseoir sur un de ces coussins spéciaux avec un trou au milieu. »

Papa versa du champagne à tout le monde.

Je demande :

« Personne n'a pensé à aller me chercher dans la pouponnière ?

— Oh non, répliqua maman. Non, non, non, on t'avait mise en lieu sûr à ce moment-là. »

*

Pendant deux hivers encore, papa et maman tinrent le coup dans le Derbyshire. Les lapins de maman sortirent de leurs cages et se multiplièrent comme prévu. Alors papa dit à un fermier voisin qu'il lui accorderait le privilège de tirer ses lapins en échange d'un bébé épagneul springer, Che. (« Tirez-en *autant* que vous voudrez », supplia papa.) Puis un fox terrier apparut sur le seuil, frissonnant et décharné, et on l'appela Jacko. Enfin, on donna à maman un bouc dont le propriétaire avait une sclérose en plaques.

« Comment aurais-je pu refuser ? De toute façon, ce maudit animal était censé être propre et apprivoisé. Il ne l'était pas du tout. Il courait dans toute la maison et déposait des boulettes partout. Il mangeait tout ce qu'il pouvait attraper avec ses dents. Nous avons essayé de lui donner un panier pour dormir, mais il était habitué aux lits. Et il hurlait si on le laissait dehors. »

Mais mes parents avaient beau essayer de se construire une vie chaotique haute en couleur, ils étaient persuadés au fond d'eux-mêmes que tant qu'ils vivraient en Angleterre, ils resteraient toujours les instigateurs de leur propre drame. En outre, à part une séance hebdomadaire dans le pub local en compagnie de Kevin et de quelques autres amis, il n'y avait personne avec qui faire quelque chose.

« Margot Fonteyn est venue à Manchester, raconte maman, et j'ai dû aller voir le ballet avec la femme du laitier. C'était très gentil à elle de m'accompagner, mais je pense qu'elle ne s'est jamais remise du choc d'avoir vu Rudolf Noureev en collant. »

Elle cligne des yeux rapidement.

« Euh, c'était un peu impressionnant. »

Il plut tout le printemps. Et l'été fut tout aussi maussade. Peu à peu, la désespérante sécheresse de Rhodésie s'atténua dans l'esprit de mes parents. Au lieu des serpents de Berry's Post, ils se souvenaient à présent de Tabatha poursuivant Vanessa sur une vaste pelouse ;

au lieu d'une saison entière passée à attendre une pluie qui ne venait jamais, ils se rappelaient la chaude caresse du soleil sur leur peau ; au lieu de l'isolement provoqué par la déclaration unilatérale d'indépendance (les sanctions internationales, l'essence rationnée, les robes informes et identiques fabriquées avec les rouleaux de tissu grisâtre, la censure d'État), ils se souvenaient de la camaraderie et de l'esprit solidaire des Rhodésiens, et de l'étonnante gentillesse des inconnus.

Aussi, avant d'être emprisonnés un hiver de plus dans l'étau glacial des corvées et de la mélancolie, ils abattirent les poulets, tuèrent les cochons, envoyèrent le bouc dans la cour de l'équarrisseur, louèrent la grange (récemment équipée en électricité, avec des toilettes modernes et des murs plus étanches), vendirent l'affaire de plaques minéralogiques (avec en prime un Espagnol colérique), et aplanirent le gazon de la ferme pour lui donner une apparence de pelouse. Puis ils se rendirent une dernière fois au pub et annoncèrent qu'ils partaient vers le sud.

« Nous n'avons pas précisé jusqu'où, reconnaît maman. Nous n'avons pas osé. La Rhodésie était un pays totalement illégal, frappé d'ostracisme. Très, très désapprouvé.

— Alors pourquoi y êtes-vous retournés ?

— Eh bien, me répond maman, nous avions encore à la banque les dollars rhodésiens de la ferme Lytton-Brown – c'était quelque chose. Et le plus important, c'était l'Afrique – nous voulions retourner en Afrique. Nous avions la nostalgie de la chaleur et de la liberté, des grands espaces, des animaux sauvages, du ciel la nuit. »

Pour le voyage mes parents emmenèrent les deux chiens, la collection de livres de maman, les deux gravures de chasse, les draps, les serviettes, le moulage en bronze de Wellington (qui avait perdu ses étrivières) et les casseroles Le Creuset. À cause des sanctions internationales contre le pays, il fallait faire un détour pour atteindre la Rhodésie. Papa partit le premier en avion via le Malawi pour trouver un emploi et un endroit où habiter. Maman suivit sur le SS *Uganda,* de Southampton au Cap.

« Oh, c'était un magnifique petit bateau, dit-elle. Il y avait des fauteuils en cuir bleu dans le salon fumeurs aux lambris de bois et des peintures à l'huile délicieusement évocatrices sur les murs. Et de chaque côté de la cheminée, une collection d'énormes défenses d'éléphants, un cadeau du roi du Buganda au bateau homonyme de son pays. C'était très romantique. »

Et comme si cela ne suffisait pas, maman se lia d'amitié avec la passagère la plus chic à bord.

« Paddy Latimer partait rejoindre son mari, qui avait une ferme en Afrique du Sud. Elle avait trois petites filles, un petit garçon, elle était enceinte et absolument splendide. »

Quand les deux femmes dirent au revoir à l'Angleterre en quittant Southampton, elles se rendirent compte qu'elles avaient toutes les deux des chiens.

« Ce qui a créé un lien formidable, bien sûr, et voilà, dit maman. Après cela nous avons tout fait ensemble. Enfin, presque tout. »

Paddy était la fille d'une famille de constructeurs de bateaux, « aussi, elle allait dîner à la table du capitaine et je mangeais avec les *povo*, les pauvres ».

Mais au petit déjeuner, au déjeuner et le reste de la journée, Paddy rejoignait maman.

Le matin, les deux femmes promenaient leurs chiens sur le pont. Elles lisaient, écrivaient des lettres, prenaient des bains de soleil. Après le déjeuner, elles faisaient des siestes languissantes à l'ombre de journaux de plusieurs jours. Ensuite, l'après-midi, elles imaginaient paresseusement les costumes les plus simples au monde pour l'inévitable et redoutée fête costumée, où elles estimaient devoir présenter au moins un enfant chacune.

« Des feuilles de vigne, dit maman. Quoi de plus facile ? Aussi le petit James s'est déguisé en Adam et toi en Ève, et vous étiez vraiment mignons, trottinant main dans la main, des feuilles de vigne sur vos petites affaires. Je pense que les juges ont été très impressionnés jusqu'au moment où James a repoussé ses feuilles – une sur chaque hanche – et s'est lancé dans une activité très peu biblique avec tout ce qui pendouillait dehors. »

Plus le bateau descendait vers le sud, plus maman se réjouissait. Quand la masse de l'Afrique s'étendit au loin, elle se cramponna au bastingage du pont et sentit l'humidité des trois dernières années quitter ses épaules. Lorsqu'un infime ruban violet scintilla sur l'horizon, indiquant le Kenya, elle tourna son visage vers l'ouest, et s'efforça d'inhaler la sublime lumière équatoriale. Et quand le bateau contourna la pointe de l'Afrique, maman me prit dans ses bras et me fit respirer l'odeur âcre de la terre et du feu de bois. Un vent chaud africain souleva mes cheveux noirs coupés au bol comme une auréole.

« Sens cela, me chuchota-t-elle à l'oreille. C'est la maison. »

Nicola Fuller en Rhodésie : deuxième round

Pour commencer, il y a ces souvenirs éparpillés et décousus : un serpent dans le chèvrefeuille rampant derrière notre maison ; Vanessa transpirant dans son uniforme d'écolière, persistant vaillamment dans son refus de lire ; un tapis bruissant d'insectes morts balayé chaque matin dans la véranda ; un agneau tué dans un kraal sous des eucalyptus où j'entends parler l'afrikaans pour la première fois ; le goût du maïs grillé dans le compound dont la langue est le shona. (Et des mots d'afrikaans et de shona se glissent dans mon anglais de tous les jours : *nyoka* (serpent), *lekker* (joli), *maiwe !* (bonté divine !), *voetsek* (va-t'en), *huku* (poulet).

Mais mon premier souvenir consistant est celui d'une ferme à l'extérieur de la petite ville de Karoi.

« Beaucoup de pièces alignées sous un toit de tôle brûlant, dis-je. Et c'était plat et très sec, et la pelouse était remplie de ronces à fleurs blanches ? »

Maman repose sa tasse de thé.

« Euh, oui. Ce n'était pas vraiment une maison, mais le fermier qui en était propriétaire était très bon et généreux et nous a permis d'y habiter gratuitement. »

Maman me lance un regard.

« *Et* il organisait des fêtes vraiment extravagantes, il fallait faire voler une plume sur un drap jusqu'à ce qu'on ait enlevé tous ses habits. Nous n'y avons jamais rien compris parce que nous étions très innocents, n'est-ce pas, Tim ?

— Comment ? dit papa.

— INNOCENTS, crie maman. NOUS ÉTIONS TRÈS INNOCENTS. »

Papa allume sa pipe.

« Oh oui, confirme-t-il. C'est juste. »

Un nuage de fumée enveloppe sa tête.

« Absolument. »

Nous sommes tous les trois assis sous l'arbre de l'oubli un dimanche après-midi de la fin mai, une période qui tient lieu d'automne dans la vallée du Zambèze. J'ai choisi ce moment de l'année pour venir du Wyoming et rendre visite à mes parents car s'il fait encore chaud, ce n'est pas intolérable. Entre les extrêmes des saisons (la terre n'est ni desséchée ni inondée), leur ferme a pris un air réellement bucolique : les oies et les moutons qui broutent en rythme autour des étangs à poissons ; parfois, le cri d'un jeune coq du village voisin qui appelle ses poules (le son me rappelle les après-midi d'enfance où je m'éveillais après ma sieste, assommée par la chaleur) ; les oiseaux qui se chamaillent dans la mangeoire de fruits du jardin de maman.

« Regarde ça, dit-elle, un barbet collier noir. »

Elle penche la tête et lui parle.

« Ploc-ploc, ploc-ploc, ploc-ploc, ploc-ploc… »

Puis, comme si elle s'adressait à l'oiseau, maman replonge dans ses souvenirs :

« De toute façon, nous n'avons jamais eu l'intention de rester à Karoi. C'était déjà trop habité, trop colonisé pour nous, n'est-ce pas, Tim ? Nous voulions une terre qui ne soit pas vraiment défrichée, quelque chose qui sorte un peu de l'ordinaire. »

Le dimanche, papa rapportait donc à la maison le journal hebdomadaire et mes parents étalaient les petites annonces sur la table de la salle à manger, à côté d'une carte de Rhodésie, et ils cherchaient une ferme de la dimension et de la forme du rêve qu'ils avaient dans leur tête.

En 1930, toute la terre de Rhodésie avait été officiellement répartie par le gouvernement colonial. Comme on pouvait s'y attendre, les zones attribuées aux Européens correspondaient grosso modo aux régions fertiles et très arrosées par les pluies. Les terres tribales s'étendaient plus ou moins à la périphérie plus sèche ; et la part minuscule des zones réservées aux indigènes était située encore plus loin, dans les régions d'une chaleur oppressante où sévissaient les mouches tsé-tsé. Les colons européens ne semblaient en aucun cas considérer que la répartition les avantageant était immorale ou les mettait dans une position périlleuse et intenable. D'abord, ils avaient la certitude que Dieu leur avait donné une double bénédiction (*Onward Christian Soldiers* – « En avant soldats chrétiens » – était un hymne assez populaire pour user les touches idoines des orgues de l'église protestante dans tout le pays). De plus, pour beaucoup de Blancs, les Noirs étaient si puérilement inférieurs que prendre leur terre apparaissait comme une occupation justifiée d'un sol vierge.

« Je ne souhaite pas être cruel, dit en 1970 Ian Smith, le Premier ministre rhodésien, mais il y a soixante ans les Africains étaient des sauvages arriérés, qui se promenaient tout nus. »

Smith et ses partisans semblaient déterminés à priver le pays d'une histoire africaine antérieure à l'arrivée des Européens. Ils rejetaient par exemple le fait que les ruines de Zimbabwe (ainsi baptisées par les Rhodésiens), un complexe de tours coniques et de murs en pierre massifs dans le sud-est du pays, étaient manifestement l'enceinte royale d'un Empire shona médiéval. Ondulant sur neuf cents hectares, c'est la structure ancienne la plus importante au sud du Sahara. Les fouilles archéologiques avaient mis au jour des tessons de poterie de Chine et des perles d'Arabie indiquant un niveau indéniable de civilisation. Pour contourner cette évidence embarrassante, le gouvernement de Smith exerça une pression énorme sur les archéologues afin de nier que les structures aient pu avoir été construites par des Africains noirs. Au moins un archéologue éminent, Peter Garfalke, fut contraint à quitter le pays quand il refusa d'obtempérer.

Le gouvernement rhodésien ne parut pas non plus saisir que – ironie du sort pour des anticommunistes aussi virulents (« La guerre contre le communisme est en fin de compte une guerre religieuse dans laquelle est en jeu cela même qui rend la vie digne d'être vécue[1] ») – sa politique de répartition des terres transformait la plus grande partie du pays, à savoir les terres tribales, en une propriété collective. Par défaut, cela força des millions de Rhodésiens noirs à entrer dans des coopératives massives, où le moindre de leurs mouvements pouvait être suivi et contrôlé par un gouvernement de plus en plus paranoïaque et militariste. Cependant, la plupart des deux cent cinquante mille Rhodésiens blancs étaient peu disposés à remettre en question une politique officielle du gouvernement qui leur accordait un traitement de faveur en lésant six millions de Noirs, et préféraient croire que leur vie de privilèges était juste et justifiable. Les critiques accusèrent ces Blancs d'appartenir au Club des champignons : « Tenus dans l'obscurité et nourris de crottin de cheval. »

« Shangri-La ! » annonça triomphalement maman un dimanche, arrêtant son doigt sur la page de l'immobilier qu'elle passait en revue. Elle lut à voix haute :

« Ferme de Robandi, trois cent cinquante hectares à vendre dans la vallée de Burma ».

Elle indiqua le prix – assez raisonnable – et mes parents examinèrent ensemble la carte. D'après ce qu'ils virent, Robandi se trouvait à une poignée de kilomètres de la frontière orientale de la Rhodésie avec le Mozambique contrôlé par les Portugais.

1. Ivor Benson, propagandiste officiel de Ian Smith.

« Oh, s'exclama maman, du vin portugais, du fromage qui pue, des crevettes au piri piri ! Nous devons avoir cette ferme. »

Des appels téléphoniques furent relayés par plusieurs centraux jusqu'à ce que la voix d'un agent immobilier à Umtali crépite enfin au bout de la ligne. Il dit à mes parents que l'exécuteur testamentaire de la ferme était un fermier italien du nom de John Parodi – il vivait dans la vallée de Burma et pouvait faire visiter les lieux à mes parents s'ils étaient intéressés.

« Intéressés ? cria maman. Bien sûr que nous sommes intéressés. »

Elle raccrocha et se tourna vers papa, les yeux brillants. « Italien ! s'exclama-t-elle. Je pense que c'est le signe d'un véritable esprit romantique, tu ne crois pas, Tim ? »

Un ou deux jours plus tard, mes parents quittèrent Karoi avant l'aube et traversèrent le pays. Pendant le trajet, pour se préparer à l'entrevue avec l'exécuteur testamentaire, maman dépoussiéra la poignée de phrases en italien qu'elle avait acquises au cours des années.

« *Ciao, come stai ?* » essaya-t-elle quand ils franchirent le fleuve Angwa. « *Il mio nome è Nicola* », répéta-t-elle quand ils longèrent les Inyanga Highlands. « *Arrivederci !* » cria-t-elle quand le col de Christmas disparut dans le rétroviseur et que la voiture descendit dans la rue principale d'Umtali, bordée de jacarandas.

« Bon sang, Tub, nous allons acheter une ferme, ou bien tu as l'intention de filer avec ce type ? » demanda papa.

Maman lui lança un de ses sourires enjôleurs.

« Nous verrons ce que nous verrons », répondit-elle.

Dans la partie sud d'Umtali, ils s'arrêtèrent au Brown's Hotel pour prendre une bière fraîche et une assiette d'œufs au bacon. En partant, ils demandèrent comment se rendre dans la vallée de Burma à quelques durs à cuire du bar.

« Oh non ! Non, non, non, vous ne devriez pas aller là-bas, dit un homme. Il n'y a que des échangistes, des ivrognes et des fous. »

Papa leva la main.

« Deux pour la route alors, barman, s'il vous plaît », dit-il.

Mes parents quittèrent la ville par le quartier de seconde zone où les Indiens avaient leurs entrepôts, leurs boutiques de tailleurs et leurs magasins ; ils passèrent sous le pont de la voie ferrée ; devant l'usine de papeterie, d'où émanait l'odeur âcre du pin fraîchement écorcé ; et ils contournèrent le nœud de collines qui encerclaient Umtali (Kumakomoyo, ainsi que l'appelaient les Manyika locaux, « le lieu de nombreuses montagnes »). Le goudron s'arrêta et mes parents bringuebalèrent sur une piste dans la terre tribale de Zimunya, avec son bétail efflanqué, sa terre rouge ondulée et ses arbres déchiquetés par les chèvres. Ensuite, ils franchirent une énorme grille anti-bétail et brusquement l'univers dénudé de Zimunya disparut, remplacé par une jungle riche et humide et un large bassin de terre arable très fertile.

« Nous avons aimé la vallée immédiatement, dit maman. Cette jungle où on plongeait, ces énormes arbres avec des oiseaux merveilleux jacassant dans la voûte feuillue. »

Mes parents arrêtèrent le véhicule au bas de l'escarpement pour laisser les freins refroidir. Au nord se dressaient les montagnes Vumba. Au sud s'étendait la lointaine chaîne Chimanimani.

Et face à elles, il y avait les chaudes Himalaya Hills couvertes de pois velu (le premier colon blanc de la vallée de Burma, un pukka sahib d'Inde, avait vu le vrai Himalaya).

« C'était si luxuriant, si pittoresque, si vivant », dit maman.

Elle lança ses mains au-dessus de sa tête et tournoya encore et encore en harmonie avec le chœur des grenouilles et la stridulation des insectes.

« C'est parfait ! cria-t-elle. Hourra ! »

Il était presque midi quand ils trouvèrent la ferme de John Parodi.

« Un petit morceau d'Italie jusque dans les moindres détails », dit maman.

Une avenue de cyprès méditerranéens partait des granges à tabac, des vaches laitières broutaient dans des prairies d'herbes hautes de part et d'autre de la route ; un cheval bai lumineux était bichonné par des aigrettes blanches ; la ferme blanchie à la chaux était surmontée d'un toit de tuiles rouges, des colonnes ioniques soutenaient la véranda.

Mes parents furent accueillis dans la cour pavée de briques par une domestique et introduits dans un salon spacieux, au centre duquel gargouillait une fontaine. Des fougères débordaient des rayonnages et se pressaient contre les vitres, créant une lumière verte tamisée. Toute la maison embaumait l'huile d'olive et le pain frais.

« *Che bello !* » s'écria maman et, à cet instant, John Parodi pénétra dans la pièce.

« Et quelle allure, dit-elle. Ces épaules ! Cette passion ! »

Je me représente donc John ce matin suffoquant d'octobre, massif comme un bœuf dans sa veste de bush kaki, ses cheveux poivre et sel coiffés en arrière, dégageant un front bruni par le soleil et d'extraordinaires sourcils broussailleux, en forme d'ailes. Il étreignit mes parents, embrassa ma mère sur les deux joues, tapa mon père dans le dos et cria en anglais, avec un fort accent italien :

« Vous devez vous asseoir ! Prenez place ! »

Mes parents obéirent.

John remplit des verres de liqueur – « De toutes sortes de couleurs, on aurait dit des joyaux liquides », raconte maman – et ils burent à leur santé.

« *Cent'anni !* »

« À la tienne Étienne ! »

Puis mes parents quittèrent le salon à l'apparence souterraine et furent conduits dans une salle à manger aérée, haute de plafond, avec des portes-fenêtres qui donnaient sur la véranda, où des chiens étaient couchés en boule dans l'ombre tandis que des chats faisaient leur toilette sous les orangers en pot.

« Exactement comme à Rome », observa gaiement maman.

Le déjeuner fut servi, le vin portugais coula à flots de bouteilles calées dans un panier, puis on apporta d'autres liqueurs. John leva son verre et rugit que le monde était à la fois beau et déchirant. Ma mère hurla son approbation chaleureuse. Ils devinrent encore plus ivres, crièrent plus fort et maman acquit un accent italien très marqué et très personnel.

« Pendant le déjeuner, il nous a raconté toutes les tragédies de sa vie amoureuse – deux ou trois au moins. Mes souvenirs sont un peu vagues, je le crains – ces liqueurs étaient *très* alcoolisées – mais je crois que sa première femme était morte. Ou bien elle s'était enfuie, quelque chose de ce genre. John avait apparemment envoyé chercher en Italie Elsa, la fille superbe et sémillante de son premier amour non partagé.

« Je n'en suis pas sûre, mais je crois que John et Elsa sont tombés amoureux et peut-être qu'après la guerre la vie en Italie était ennuyeuse. Je n'en sais vraiment rien. »

En tout cas, Elsa vint en Afrique, et peu après, elle dut épouser John. Plus tard ils eurent deux enfants : une fille, Madeline (qui avait deux ans de plus que Vanessa), et un fils, Giovanni (de mon âge).

« Et ils auraient dû vivre très heureux ensuite, sauf que Elsa est tombée amoureuse du beau et charmant planteur de tabac d'à côté. »

Ce que ma mère ne dit pas, mais que nous savons tous, c'est que la jeune femme et le beau fermier furent surpris un soir en flagrant délit. « Tu imagines ? »

« La sale pute et la belle ordure ! tonna John, agitant le poing en direction du voisin incriminé et de l'épouse infidèle. Je les tue ! »

Un coup de tonnerre retentit au-dessus de la maison, et un orage d'après-midi s'abattit sur la vallée.

« *Amore !* cria maman, levant son verre vers le ciel.

— *Amore* », répondit John.

Il est inutile de préciser que lorsque mes parents montèrent enfin à bord du pick-up de John et traversèrent la vallée, secoués par les cahots, pour visiter la ferme de Robandi, ils voyaient clairement le monde dans les couleurs de l'arc-en-ciel.

« Toute la propriété était lavée par la pluie. Les flamboyants de l'allée étaient en fleur, raconte maman. Le nectar dégoulinait des lilas de Perse. »

Et l'odeur des frangipaniers et de la terre rouge montait du jardin légèrement humide.

« Nous avons dit à John que nous devions avoir la ferme, dit maman. Il a reconnu que nous avions raison. C'est tout. Je pense que nous avons signé une sorte de compromis sur place.

— Attends, dis-je. Vous n'avez pas fait d'abord le tour des champs ? Vous n'avez pas testé le sol ? Vous n'avez pas inspecté les granges ni contrôlé l'approvisionnement en eau ? »

Maman me regarde comme si j'étais la massacreuse de contes de fées.

« Nous n'avons pas jugé cela nécessaire. Il y avait une si jolie vue sur la vallée, jusqu'à la ferme de John

Parodi, et au-delà, sur le Mozambique, n'est-ce pas, Tim ?

— Comment ? dit papa.

— UNE VUE MAGNIFIQUE SUR LE MOZAMBIQUE, crie maman. DEPUIS LA MAISON ! »

Mes parents empruntèrent de l'argent pour acheter la ferme, et nous déménageâmes de Karoi pour nous installer dans la vallée de Burma (deux enfants, trois chiens, deux chats, un cheval, les draps, Wellington, les deux gravures de chasse, une machine à coudre à pédale d'occasion et les casseroles Le Creuset). Vue sans le filtre avantageux des différentes liqueurs colorées du placard à alcools de John Parodi, Robandi était plus rocheux qu'il n'aurait fallu et situé sous le vent. Les flamboyants regorgeaient de nids de termites et rien ne poussait dessous. La maison, qui avait paru mystérieuse sous une voûte de fleurs écarlates, était, après un examen plus minutieux, un sinistre bunker.

« Mais c'était notre ferme en Afrique, soupire maman. Et nous étions si heureux, si fiers, si persuadés que nous y passerions le reste de nos vies. »

Elle peignit l'extérieur de la maison en pêche abricot. Elle sortit sa machine à coudre à pédale et fabriqua des rideaux avec de la toile à matelas. En plus des gravures de chasse, elle accrocha aux murs des napperons à thé en lin irlandais et des assiettes en porcelaine, et elle fit dans le jardin des plantations dont le développement était garanti si on les laissait à l'abandon. Enfin, elle remplit la piscine, mais sans pompe électrique ni produits chimiques coûteux, celle-ci ne tarda pas à verdir et accueillit bientôt des vingtaines de grenouilles, une famille de canards, des oies et, parfois, un varan du Nil.

« Eh bien, voilà, s'exclama maman, plissant les yeux pour juger de l'effet général du jardin, avec la maison rose et la piscine verdoyante. Très apaisant et pittoresque, non ? »

Le soir nous mangions les légumes colorés de maman, fraîchement cueillis dans le jardin, et ses poulets durs élevés à la maison, attendris par des currys parfumés, mijotés dans les marmites Le Creuset.

« Ah, *fantastico* ! »

Maman buvait une gorgée de vin portugais le meilleur marché possible, et elle trinquait avec papa :

« À nous, disait-elle, il n'y a personne comme nous. Et s'ils ont jamais existé, ils sont tous morts. »

Et pendant un moment, à la lueur crachotante de la bougie, avec leurs deux filles grandissantes, leur troupe de chiens, leur unique cheval difficile, leur piscine ensauvagée, papa et maman semblaient pouvoir vivre ici heureux pour toujours : papa avec sa ferme à transformer en une version sud-africaine de Douthwaite ; maman avec sa vie à forger pour la rendre digne d'une biographie.

Alors, quelques mois à peine après notre installation à Robandi, se produisit à l'autre bout du monde un événement qui changea tout. En avril 1974, les révolutionnaires défilèrent dans les rues de Lisbonne en tenant des œillets rouges pour symboliser leur idéologie socialiste. À la suite du coup d'État, les colonies portugaises en Afrique sub-saharienne obtinrent immédiatement leur indépendance et un million de citoyens portugais fuirent ces territoires. Le nouveau gouvernement FRELIMO marxiste-léniniste du Mozambique annonça qu'il soutenait les guérilleros de la ZANLA, qui combattaient la loi de la minorité dominante en Rhodésie. En représailles, le gouvernement rhodésien fonda le RENAMO, une armée rebelle anti-communiste dans le centre du Mozambique. La frontière entre la Rhodésie et le Mozambique fut fermée, et entre les deux pays, à quelques kilomètres au-dessus de notre ferme, fut construit un cordon sanitaire (littéralement, un « couloir de quarantaine »).

Papa fut enrôlé dans la réserve de l'armée rhodésienne et maman se porta volontaire comme réserviste de la police. Elle devint membre de l'équipe d'urgence de la Croix-Rouge. Toutes les deux ou trois semaines, papa enfilait son uniforme de camouflage et disparaissait avec six autres fermiers de la vallée de Burma pour se battre dans les collines de l'Himalaya. Maman apprit à gérer la ferme en son absence. Ils dormaient avec un Uzi et un fusil FN près du lit, ils mangeaient avec des pistolets Browning Hi-Power sur leurs petites assiettes et nous apprirent, à Vanessa et à moi, à tirer pour tuer. Ils placèrent des sacs de sable devant les fenêtres et des clôtures de sécurité autour de la maison. Nous achetâmes une vieille Land Rover anti-mines que nous baptisâmes Lucy. Et maman poussa son cri de guerre Olé !, que nous entonnions le mercredi et le dimanche soir en nous rendant au Burma Valley Club, où elle dansait sur le bar (splendide avec ses longs cheveux auburn, ses yeux vert pâle).

Mais les premiers temps, la guerre ressemblait plus à une menace fâcheuse de mauvais temps qu'à un conflit perpétuellement violent.

« L'essentiel, c'était de se secouer et de tenir avec le moins d'effort possible », dit maman.

Elle méprisait les dix mille Blancs qui avaient quitté le pays. « Le poulailler », disions-nous. Et elle n'avait aucune indulgence pour ceux qui affirmaient que la domination noire était inévitable.

« Il faudra me passer sur le corps, déclarait-elle. La vie doit continuer. »

Pendant des heures et des heures elle nous enseigna donc, à Vanessa et à moi, la prononciation correcte. « *There* », disions-nous, essayant de ne pas aplatir la fin du mot. « *Women* », répétions-nous, comme si le mot n'avait que des *i* et deux *m*. « *Nice* », articulions-nous, souriant dans la première syllabe au lieu de la faire rimer avec « *farce* ». Nous sauvâmes plusieurs chiens. On nous donna un autre cheval. Vanessa fut expédiée en pension à Umtali. (« Elle prétend qu'elle ne sait pas lire, expliqua maman à son professeur, mais en fait elle a beaucoup fréquenté Shakespeare. »)

On me donna des cours par correspondance à la maison en privilégiant ce que ma mère considérait comme l'art sacré du conte, et après le déjeuner, avant que nous ne soyons toutes les deux endormies dans la chaleur engourdie de l'après-midi, maman me lisait *Le Livre de la jungle, Winnie l'Ourson, Le Vent dans les saules*. Dans la fraîcheur du soir, elle s'installait, une tasse de thé sur les genoux, les yeux mi-clos.

« L'histoire de la semaine », exigeait-elle.

Et je racontais :

« Cette semaine j'ai franchi la rivière sur mon cheval qui n'a qu'un œil.

— Hum, souriait-elle. *Traversé* est plus joli que *franchi,* tu ne trouves pas ? *J'ai traversé la rivière sur mon cheval borgne, les chiens pataugeant dans mon sillage*… Qu'en penses-tu ? »

Puis, pendant le mois de novembre humide de 1975, maman fut soudain gagnée par une nausée familière. Au début d'août, l'année suivante, elle était sur le point d'accoucher.

« Encore une ou deux semaines, à mon avis, lui dit le Dr Mitchell en fronçant les sourcils. Et dans cet état, faut-il que vous restiez dans cette ferme si isolée ? Ce n'est pas prudent. »

Presque aussitôt, la guerre s'intensifia brusquement. La nuit du 11 août 1976, l'armée mozambicaine lança une attaque au mortier sur les banlieues sud d'Umtali. Vanessa – en pension – fut conduite avec les autres filles au rez-de-chaussée, où on les obligea à se coucher sur le sol en béton, jetant sur elles des matelas avec une telle précipitation que certaines s'en sortirent avec des ecchymoses. Quand elle rentra à la maison pour le week-end, j'admirai ses genoux couverts de bleus et l'œuf sur son front, et je la bombardai de questions. Avait-elle eu peur ? Avait-elle vu des cadavres ? Avait-elle vu un terroriste ? Mais Vanessa parut seulement lasse et resta sur son quant-à-soi, et maman intervint :

« N'insiste pas comme ça, Bobo. C'est fini maintenant, n'est-ce pas ? »

Le gouvernement rhodésien distribua des milliers d'aérogrammes rédigés d'avance pour que les familles blanches les envoient à leurs amis et à leurs parents d'outre-mer dans une langue officielle réglementaire, qui reflétait néanmoins avec exactitude notre déni interne :

« Vous êtes certainement préoccupé par la situation en Rhodésie, en particulier au vu des gros titres à sensation et des horribles articles qui paraissent dans la presse, commençait la lettre. La plupart des journaux du monde ne souhaitent pas publier les faits véritables sur la Rhodésie. Car sur le plan de la paix intérieure, de la productivité, de la croissance et de l'harmonie raciale, elle a progressé admirablement, malgré l'effet des sanctions et des boycotts. »

Les jours qui suivirent l'expédition de plus de quinze milliers de ces lettres, les embuscades tendues aux fermiers blancs rhodésiens et aux forces armées du gouvernement devinrent plus fréquentes et l'artillerie plus mortelle encore, et quel que fût son nom, il ne s'agissait plus d'une petite guerre de bush incohérente. Le Dr Mitchell fut catégorique :

« Nicola, installez-vous en ville, bon sang. Et restez-y jusqu'à la naissance de cet enfant.

— Il y a aussi des tirs de mortier en ville, objecta maman.

— Oui, mais du moins il y a un hôpital. »

Papa se battait dans les collines de l'Himalaya, aussi, maman et moi nous réfugiâmes en ville chez des amis, attendant sans fin l'arrivée du bébé.

« Je serais morte d'ennui, dit maman. Mais par chance, *The Rocky Horror Picture Show* passait enfin au cinéma Rainbow, et je l'ai vu au moins trois fois. »

Le 28 août, Olivia Jane Fuller naquit dans le centre hospitalier d'Umtali – avec des boucles brunes, les lèvres charnues de Boofy Garrard, et les yeux bleu-violet les plus extraordinaires que personne eût jamais vus. Les infirmières s'appelaient d'un poste à l'autre pour se montrer les yeux d'Olivia et l'emmenèrent dans d'autres salles pour la faire voir aux patients convalescents. Dans cette guerre soudain très sanglante, la beauté d'Olivia semblait être une chose invraisemblable, et presque rédemptrice.

De sa fenêtre de la maternité, maman voyait les blessés arriver du front dans des camions de l'armée, des Land Rover et des ambulances couverts de poussière rouge (tous les soldats accueillis dans cet hôpital-là étaient blancs ; les soldats noirs combattant pour la Rhodésie étaient envoyés à l'hôpital des Noirs, prouvant qu'on pouvait mourir pour une cause qui ne vous permettait pas nécessairement d'être sauvé).

« Je me souviens de ces garçons. Certains étaient si jeunes qu'ils ressemblaient à des écoliers, raconte maman. Leurs coupes au rasoir étaient si récentes que le soleil n'avait pas encore eu le temps de brûler la bande blanche de leur nuque. »

Elle les entendait appeler leur mère et elle berçait Olivia contre son épaule.

« Tout va bien, ma petite fille, disait-elle au bébé. Tout va bien. »

Quand Olivia eut une semaine, nous la ramenâmes à la maison, traversant la terre tribale de Zimunya et la vallée, escortés par un convoi de soldats et de démineurs. Voyant la nouveau-née, les hommes se montrèrent particulièrement assidus dans leur travail ce jour-là.

« S'il y a un incident ses tympans ne le supporteront pas, hein », dit à maman le chef de convoi.

Il caressa la tête duveteuse d'Olivia de sa main tachée de graisse de fusil, plein d'une tendresse incongrue dans sa tenue de camouflage, avec ses ceinturons et ses bottes fatiguées.

« Dommage, dit-il maladroitement, comme si la douceur avait presque disparu de sa langue. Elle est si mignonne… regardez ces yeux. »

Et cette douceur presque oubliée enveloppa aussi Robandi. Il y avait toujours les armes démontées sur du papier journal dans le salon, les défenses anti-grenade à l'extérieur des fenêtres, la radio Agric Alert crachotant les mises à jour de sécurité matin et soir : « Oscar papa two-eight, Oscar papa two-eight, c'est le quartier général. Tu m'entends ? Terminé. » Mais il y avait aussi la routine réconfortante des biberons mis à bouillir dans la cuisine ; un rideau de couches blanches sur le fil à linge derrière la maison ; maman lisant au lit tard dans la matinée, le bébé endormi contre son cou. Et le soir, au lieu d'écouter les terribles bulletins d'information sur le nombre de morts et de blessés, d'attaques et de contre-attaques, elle emportait le poste de radio dans la véranda, mettait la station d'Oldies et de musique classique, et dansait la valse dans le jardin, autour du frangipanier, avec Olivia dans les bras.

« *Everybody loves my baby*, chantait-elle avec Doris Day. *But my baby don't love nobody but me.* »

En janvier 1977, je rejoignis Vanessa au pensionnat d'Umtali.

« Bonne chance, Bobo, me dit maman. Sois gentille avec tes professeurs, écoute tes surveillantes et essaie de ne pas t'ennuyer de nous. »

Elle prit mon teckel dans les bras.

« Je suis sûre que tu vas beaucoup manquer à Jason. »

Elle agita sa patte vers moi.

« N'est-ce pas, Jason King ? »

Olivia resta à la maison avec maman et Violet, la nounou. Une fois par mois, mes parents venaient nous chercher pour le week-end et nous étions escortés jusqu'à la vallée par un convoi de véhicules de sécurité et de démineurs. Pendant tout le trajet, Vanessa et moi nous disputions pour avoir Olivia sur nos genoux.

« Je suis l'aînée.

— *Ja*, mais elle me préfère.

— C'est faux.

— Regarde, je la fais rire.

— Ne la chatouille pas, elle n'aime pas ça.

— Mais si.

— Pas du tout. »

Jusqu'à ce que maman (assise devant, le canon de son Uzi pointé dehors) se retourne, menaçant de nous gifler si nous ne nous calmions pas, et nous ordonne de nous taire et de veiller sur le bébé.

« Vous faites attention à elle ? » demandait-elle, et nous savions ce qu'elle voulait dire. Après cela nous retrouvions notre sérieux et placions Olivia sur la banquette entre nous, au-dessous du niveau de la fenêtre, de telle sorte que si nous étions pris dans une embuscade, la balle devrait traverser la portière de la Land Rover et *l'une* de nous avant d'atteindre notre bébé. Il existait une règle tacite. Si nous devions tous mourir, ce serait dans cet ordre : papa, maman, Vanessa, moi et en dernier – c'était si inconcevable qu'il faudrait nous passer sur le corps – Olivia.

Olivia

Après les orages d'octobre qui mettent fin à la sécheresse, novembre s'accompagne d'averses régulières l'après-midi, et avec cette pluie prévisible revient l'espoir d'une année plus fructueuse. Les Shona l'appellent Mbudzi, « le mois de grande fertilité ». Un frémissement de pousses neuves éclaire le veldt comme des flammes vert pâle ; la fumée de bois et la poussière sont chassées du ciel ; les cigognes noires et les cigognes à ventre blanc reviennent de leurs vacances en Europe. Aussi, quand maman dit « Ce devait être en novembre à Robandi », je pense à toutes ces choses pleines d'espoir, mais je songe aussi à la perpétuelle désespérance de cette ferme, au fait que nous semblions toujours avoir une saison des pluies de retard pour faire un bénéfice.

« Oui, ce devait être en novembre, dit maman. Et il faisait très chaud, très humide, aussi, j'ai décidé de laisser Olivia et Violet à la maison, juste pour une heure environ. Papa voulait me montrer quelque chose dans les semis. »

Elle considère ses mains usées par le travail.

« J'étais très impliquée dans la ferme, tu vois. »

Et j'imagine maman telle qu'elle était alors, ses cheveux tirés derrière les oreilles dans les champs de tabac ; ou transpirant sous l'arrière-train d'une vache en train de vêler ; ou s'avançant à cheval dans l'herbe étoilée, son Uzi de trois kilos sept en travers du ventre, mouchetant le pommeau de la selle avec son canon gros et court.

« Je devais gérer seule toute la ferme quand papa était parti au combat », dit-elle.

En novembre 1977, papa avait trente-sept ans, mais la guerre coûte en hommes et en argent, aussi chaque année le gouvernement rhodésien augmentait nos impôts et repoussait l'âge de la conscription – tous les hommes blancs de moins de soixante ans étaient mobilisés ; les jeunes passaient entre vingt-cinq et trente semaines par an à l'armée, par tranches de six semaines. Maman écarte les doigts des deux mains et compte en remuant les lèvres.

« Je pense que papa avait quarante ans quand la guerre a fini. Quarante ans mais très en forme, hein Tim ?

— J'en avais marre, dit-il.

— Oui, mais tu étais dans une forme *splendide* », insiste maman.

Les semis de tabac étaient tout au bout de la propriété, à sept ou huit kilomètres de la maison. Je me représente aujourd'hui ces rangées de plants recouverts de plastique noir à la lisière du champ, au-dessus du ravin qui divisait la propriété en deux. Le sol y était pâle et un peu sableux. Des babouins vivaient dans la forêt de msasas au-dessus de ce champ, s'aventurant au-dehors le soir. Parfois un sylvicapre ou un guib harnaché descendait des collines de l'Himalaya, et une ou deux fois nous vîmes un léopard. Aussi, quand maman surprit du coin de l'œil un mouvement dans les arbres, sa première réaction ne fut pas l'affolement.

« J'ai pensé que c'était peut-être un animal », rapporte-t-elle.

Puis ce mouvement quitta l'ombre et, sous un beau soleil, se matérialisa sous la forme de deux hommes vêtus de l'uniforme des soldats du FRELIMO.

« Deux terroristes, dit ma mère, en loques et l'air très désespéré. Ils portaient chacun un AK-47 sur l'épaule et des grenades plein leur chemise. L'un d'eux boitait beaucoup. »

Elle secoue la tête.

« Mon sang n'a fait qu'un tour. Je me suis dit, "Mon Dieu, ils vont nous tuer en plein jour. Et ensuite ils iront tuer le bébé dans la maison". Nous avions tous vu des photos de ce que les terroristes avaient fait – les enfants mutilés, assassinés. Mon Dieu, ma peau est devenue froide comme le marbre. C'était terrifiant, n'est-ce pas, Tim.

— Très horrible », reconnaît papa.

Maman serre le poing.

« Mais je vais te dire une chose : ton père est resté si calme. Il n'a pas du tout paniqué. »

Ses yeux brillent.

« Il paraît qu'on peut juger un homme à son comportement sous la menace d'un fusil, et je pense qu'il y a beaucoup de vrai là-dedans. »

Mon père regarda les deux hommes s'approcher de la Land Rover, l'un d'eux à peine capable de poser le pied sur le sol. Il décrocha son revolver de sa ceinture et le posa sur le genou de ma mère.

« Mets-toi au volant », lui dit-il.

Il alluma une cigarette, ouvrit avec lenteur sa portière et sortit. Les deux terroristes continuaient d'avancer vers lui, les mains un peu écartées des flancs. Papa ne les quitta pas une seconde des yeux, mais continua de parler à voix basse à ma mère.

« Il n'arrivera rien, lui assura-t-il. Mais s'il y a un problème, va chercher Olivia et fiche le camp de la ferme. Ne te retourne pas. »

Puis il se dirigea vers les deux hommes, montrant qu'il n'était pas armé.

Ma mère quitta le siège passager pour se glisser derrière le volant et garda le revolver dans la main. Elle pria en silence : « Mon Dieu, je vous en supplie, pas Tim. Pas Tim. » Puis : « Je vous en prie mon Dieu, pas le bébé. Pas le bébé. Pas le bébé. » Elle regarda le dos de papa, la tache sombre de sueur qui grandissait entre les omoplates. Il jeta sa cigarette sur le sol, et l'écrasa sous la pointe de sa veltskoen. Puis il leva les yeux, comme s'il venait juste de remarquer les deux types.

« Oui, les gars, dit-il. Je peux faire quelque chose pour vous ? »

Il ne se passa rien pendant un moment. Puis l'homme qui boitait se laissa tomber à genoux.

« *Baas*, nous sommes des infiltrés. »

Mon père lança un regard à ma mère par-dessus son épaule :

« Tout va bien, Tub, dit-il. Ils sont de notre côté. »

« Nous avons besoin d'eau, de nourriture », dit l'homme qui boitait. Il souleva la jambe de son pantalon, révélant sur sa cheville une blessure par balle très infectée et empestant la gangrène par cette chaleur humide.

« S'il vous plaît, *baas*, j'ai besoin d'aide. »

Mon père les considéra un moment.

« Les gars, vous avez intérêt à être ce que vous dites », répondit-il sans hausser le ton.

Il alluma trois cigarettes à la fois, en tendit une à chaque homme et garda la dernière pour lui. Ensuite il se tourna vers ma mère et prenant un ton normal, rassurant, lui dit à voix haute :

« Apporte la trousse de pharmacie, Tub. Nous avons un petit problème. »

Maman sortit de la Land Rover, tremblant à cause de la chute d'adrénaline. Elle fit le tour du véhicule et se laissa tomber sur ses talons, là où on ne pouvait pas la voir. Puis elle inspira profondément, prit sa trousse médicale, s'avança sous le soleil éclatant après la pluie, et fit son possible pour soigner la cheville de l'homme ; elle la tamponna avec de l'iode, retira des saletés et des bouts d'os, et l'enveloppa avec un bandage de soutien.

« Nous les avons remis sur la route au bout d'une heure environ, dit papa. Et ensuite nous avons téléphoné à la police pour rapporter l'incident, et ils nous ont dit que des agents de la RENAMO utilisaient notre ferme comme étape avant ou après une incursion dans le Mozambique. C'est à ce moment-là que nous l'avons su. Ils venaient le plus souvent après la tombée de la nuit ; ils dormaient dans les granges et partaient avant l'aube. Ils étaient autonomes – de façon générale ils ne demandaient ni eau ni nourriture. Nous ne les voyions pas souvent, sauf s'ils étaient blessés et avaient besoin d'aide comme ce jour-là, et nous les entendions alors dans le *shateen* – le bush –, criant *Maiwe ! Maiwe !* – "Mon Dieu, mon Dieu" – et nous savions alors qu'un pauvre bougre avait été blessé, qu'il était parvenu à franchir le champ de mines, et que nous étions les premiers à pouvoir lui porter secours. »

Papa secoue la tête comme pour tenter de chasser l'écho de ce cri : « *Maiwe ! Maiwe !* »

Un long moment, le silence règne sous l'arbre de l'oubli. Puis un aboiement retentit devant la maison de M. Zulu et les chiens de mes parents se dispersent dans l'obscurité en guise de réponse, les poils du cou hérissés par la méfiance. Les oies de maman cacardent. Les coléoptères roses s'écrasent sur les ampoules au-dessus de nos têtes et tournoient sur le dos à nos pieds. Papa rallume sa pipe et en tire quelques bouffées.

« Eh bien, dit-il enfin, les seules personnes qui pensent que la guerre est un jeu glorieux sont les putains d'imbéciles qui ne se sont jamais trouvés sous la menace d'une arme. »

Un mois plus tard, un bus fit exploser une mine en traversant la vallée de Burma. Ensuite, juste avant Noël, dans les collines de l'Himalaya, papa et le reste de sa patrouille furent déposés par hélicoptère pour trouver un groupe de terroristes soupçonnés d'avoir tenté d'attaquer le Leopard Rock Hotel la veille.

« Ce n'était pas très drôle, raconte papa, on avait l'impression de chercher un putain de buffle blessé dans les arbustes à fleurs jaunes. »

À l'intérieur des terres tribales, on signalait tous les jours que dans les tavernes et les kraals des guérilleros attendaient pour tendre des embuscades aux fermiers qui se rendaient en ville. Près de la maison des Davis il y avait des accrochages entre guérilleros et forces de sécurité et l'écho des coups de feu résonnait dans la vallée, de telle sorte qu'il était difficile de savoir où les combats se déroulaient.

Donc, le matin du 9 janvier 1978, papa et maman étudièrent les différentes possibilités. Il fallait régler nos frais de scolarité, et pour réunir l'argent exigé par l'économe, ils devaient vendre un bœuf équarri au marché de la township, en lisière d'Umtali. De plus, Vanessa avait fait une soudaine poussée de croissance, et elle avait besoin d'une paire de chaussures neuves pour l'école. Maman se mordit l'intérieur de la lèvre.

« Il vaut mieux laisser Bobo et Olivia à Mazonwe avec Rena, c'est plus sûr, tu ne crois pas ? »

Elle se retourna vers le bœuf qui occupait tout l'espace à l'arrière de la Land Rover et attirait les mouches.

« Ce serait plus agréable pour les petites, non ? »

Elle cala son Uzi sur sa poitrine, papa prit son FN sur l'épaule, et nous grimpâmes tous dans la Land Rover chaude, imprégnée de l'odeur métallique du sang.

« Je vais avoir des chaussures et pas toi, me dit Vanessa.

— Ne taquine pas Bobo », intervint maman.

Vanessa me fit la grimace et articula en silence :

« Je vais en ville. Je vais en ville. Je vais en ville ! »

Je lui rendis sa grimace et soufflai :

« Je vais voir tante Rena. Je vais voir tante Rena. Je vais voir tante Rena ! »

Rena Viljoen, notre voisine préférée, était une douce et pragmatique infirmière écossaise, mariée à un fermier afrikaner. Ils avaient quatre enfants (aussi nos préférés), tous plus âgés que Vanessa et moi (leur fils aîné avait dix-huit ans et faisait partie des forces spéciales rhodésiennes), et ils étaient propriétaires de l'épicerie locale située à deux fermes à l'ouest de Robandi. Le magasin était un monde merveilleux pour un enfant : le goût salé du poisson séché, les sucreries, les savonnettes et les perles de toutes les couleurs. Dans la véranda de la boutique, il y avait toujours un tailleur, des bandes de tissu filant entre ses doigts tandis que ses pieds pédalaient : « Clac-clac, clac-clac, clac-clac. »

Ce matin de janvier, le soleil frais et lumineux dans le ciel lavé par la pluie, Olivia et moi fûmes déposées chez tante Rena. Debout derrière la clôture de sécurité, nous saluâmes la Land Rover qui emmenait Vanessa, mes parents, et le bœuf équarri. Ma mère se pencha dehors, le vent plaquant ses cheveux auburn contre sa bouche.

« Sois gentille et aide tante Rena à surveiller Olivia ! » cria-t-elle.

Nous regardâmes le véhicule tourner à droite au bout du chemin, l'Uzi de maman et le FN de papa dépassant de la fenêtre pour affronter les pires traquenards de la guerre, puis nous retournâmes dans le magasin.

À cette période, il fallait plus d'une heure pour entrer dans Umtali – les convois, suivant les démineurs, étaient lents. Papa laissa Vanessa et maman au OK Bazaar et partit en direction des marchés de la partie africaine de la ville. Ma mère et ma sœur prirent chacune un friand et un Coca chez le boulanger Mitchell (frère de Mitchell, le médecin) puis allèrent acheter des chaussures dans la boutique Bata de la rue principale. Ce fut là, au début de l'après-midi, que les trouva le représentant local de la police d'Umtali – maman courbée sur le pied déchaussé de Vanessa, un soulier à lacets marron dans la main.

« Nicola ? » dit-il.

Maman leva les yeux, ébauchant un sourire.

« Malcolm, qu'est-ce que vous faites ici ? »

Mais voyant son visage dévasté, elle se redressa et lâcha le pied de sa fille.

Le policier posa les mains sur ses épaules.

« Nicola, je suis vraiment désolé. Il y a eu un accident. »

Les genoux de maman se dérobèrent sous elle et elle s'affaissa sur le siège en plastique rouge à côté de Vanessa. Elle laissa tomber la chaussure qu'elle tenait.

« Non, dit-elle. Ce n'est pas possible.

— Je suis désolé. Oh mon Dieu. »

Malcolm regarda par-dessus son épaule.

« Où est Tim ? »

Maman ferma les yeux et expira par petites bouffées, comme si elle avait reçu un coup en pleine poitrine.

« Il est en train de vendre de la viande. »

Elle avala sa salive.

« Malcolm, que s'est-il passé ? »

Malcolm s'accroupit et posa ses mains sur les épaules de maman.

« C'est... Mon Dieu, je suis désolé. C'est la petite...

— Pas elle », dit ma mère.

L'air s'échappa de sa bouche et son visage se vida de son sang.

« Mon Dieu, je vous en prie, pas le bébé. »

Puis, en un chuchotement :

« Pas mon bébé, ce n'est pas possible. On ne lui a pas tiré dessus. Elle a été atteinte par une balle ? Elle va bien ?

— Je suis désolé, répéta Malcolm, resserrant son étreinte. Je regrette. Elle est morte. »

Maman se mit à trembler comme une feuille.

« Quoi ? Ils ont été attaqués ? Elle a été... Elle a été abattue ? Qu'est-il arrivé ? Une embuscade ?

— Elle... Nous avons reçu un coup de téléphone de Rena. Elle s'est noyée. »

Maman secoua la tête, désorientée par l'absurdité de la chose.

« Non ! Comment ? Elle ne s'est pas noyée. Qui l'a noyée ? Non ! Non ! »

Elle se leva et poussa Malcolm.

« Je vous en supplie, non, non, non ! Je vous en supplie ! »

Puis elle sortit aveuglément sous le soleil éclatant dans Main Street, prise de convulsions sous le choc.

« Non ! Non ! Non ! »

Mais Olivia était là, allongée sur le lit d'appoint de la maison des voisins, noyée dans la mare aux canards de Mazonwe parce que cet après-midi-là, dans l'épicerie des Viljoen, pour une raison quelconque, nous étions tous persuadés que quelqu'un d'autre gardait un œil sur elle. Tante Rena supposait qu'elle était avec moi ; je croyais qu'elle était avec tante Rena et il y avait aussi Duncan, le fils de quatorze ans de Rena avec lequel Olivia aurait pu s'éloigner sans que nous le sachions. Et compte tenu de tous les autres dangers dont il fallait la préserver – les mines, les tirs de mortier, l'enlèvement, les embuscades –, aucun d'entre nous n'avait pensé que trente centimètres de vase derrière le magasin représentaient le plus grand risque pour le bébé.

Pendant que j'attendais le retour de mes parents et de Vanessa, je déposai des fleurs violettes autour de la tête d'Olivia. Ses boucles avaient séché, formant des anglaises compactes sur la taie d'oreiller en coton blanc. J'entendis les chiens des voisins aboyer et le bruit de la Land Rover qui entrait dans l'allée. Puis, dans le silence horrifié qui s'ensuivit, j'entendis maman arriver en courant par la véranda et son pas s'accélérer dans le couloir qui conduisait à la chambre d'amis. Elle se rua à l'intérieur de la pièce, tout son être tendu vers le petit corps parfaitement immobile sur le lit. Elle tomba à genoux et je la vis presser ses lèvres pâles sur la bouche bleuie d'Olivia et respirer, les yeux fermés, ses cheveux auburn épars sur le visage couleur d'ivoire du bébé. Elle semblait vouloir échanger sa vie contre celle de son enfant mort.

« Ma vie contre la tienne. Prends-moi à la place. Ma vie contre la tienne. »

Les lèvres d'Olivia ne rosirent pas, et elle se laissa retomber sur ses talons, le menton contre la poitrine.

Papa arriva sur le seuil. Il me prit dans ses bras et me tint près de son épaule. Son visage était figé, ses yeux perdus dans le vague.

« Tu es si courageuse, dit-il. Tu dois l'être. »

Derrière lui, je vis Vanessa, incrédule, sans expression, parfaitement calme, hormis deux filets de larmes argentés qui glissaient sur ses joues. Quand ses yeux croisèrent les miens elle secoua légèrement la tête, d'un mouvement presque imperceptible.

Olivia mourut à la saison des pluies et nous l'enterrâmes dans le minuscule cimetière au pied des montagnes Vumba, dans la jungle où les singes se lançaient à travers les branches des vieux arbres et où les oiseaux nichaient bruyamment au cœur de la voûte feuillue. Nous marquâmes sa tombe avec une stèle en granit : OLIVIA JANE FULLER NÉE LE 28. 8. 76. MORTE LE 9. 1. 78. NOTRE FILLE ET SŒUR TENDREMENT AIMÉE. Lors de ses funérailles, qui eurent lieu dans la maison d'une famille afrikaner, située près du cimetière, nous chantâmes de la country music empreinte de tristesse sur l'amour et la perte et le moment approprié de son départ, et nous mangeâmes de la nourriture afrikaner : de l'agneau bien gras, des *boerwors* et des *koeksisters*. Nous prîmes le deuil stoïquement : les dents serrées, les yeux humides ; la mort au loin, l'enterrement de la petite. Et nous chantâmes encore les temps difficiles et les souffrances si profondes qu'elles ne guérissent jamais.

*

Onze jours après la noyade d'Olivia, le gouvernement rhodésien distribua dans les terres tribales des brochures avec les neuf consignes suivantes :

1. Couvre-feu pour les humains tous les jours de la tombée de la nuit jusqu'à midi.

2. Couvre-feu pour le bétail, les bœufs d'attelage, les chèvres et les moutons tous les jours de la tombée de la nuit à midi.

3. Aucun véhicule, y compris les bicyclettes et les bus, n'est autorisé à circuler dans les terres tribales ni dans les terres acquises par les Africains.

4. Quiconque s'approche des hauteurs sera abattu.

5. Tous les chiens doivent rester attachés 24 heures sur 24 sinon ils seront abattus.

6. À partir de midi, le bétail, les moutons et les chèvres doivent être gardés seulement par des adultes.

7. Quelle que soit l'heure, aucun jeune de moins de seize ans ne sera autorisé à sortir de la zone du kraal, de jour comme de nuit.

8. Aucune école ne sera ouverte.

9. Tous les magasins et les moulins seront fermés.

Mais loin de contenir la violence croissante, les nouveaux contrôles parurent rendre la guerre plus souterraine encore et de manière étrange, la graver en nous plus profondément, comme si elle avait acquis une force autonome et meurtrière étrangère à l'humanité, délivrée de ses auteurs, tuant sans raison et échappant aux conventions établies par les hommes dans les moments d'apaisement entre les conflits.

Maintenant, quand nous traversions Zimunya, l'endroit était désert, comme hanté. L'écho d'explosions de plus en plus nombreuses retentissait dans les champs de mines. Et chaque matin, ma mère montait seule son cheval au-dessus de la ferme, contournant les collines de l'Himalaya, portant négligemment son fusil en bandoulière dans le dos (et non sur sa poitrine, selon son ancienne habitude) comme si elle désirait recevoir une balle en plein cœur.

Peu lui importait désormais que Vanessa et moi nous exprimions avec une prononciation correcte, ou que nous parlions tout court. Les livres que maman nous avait lus sur son lit – des heures de Rudyard Kipling, d'Ernest Thompson Seton, de C. S. Lewis, de Lewis Carroll, de Laura Ingalls Wilder – avaient disparu. Le silence les avait remplacés. Maintenant, quand le générateur était branché, maman ne nous passait plus les disques en vinyle des nocturnes de Chopin, des valses de Strauss ou des concertos de Brahms, et les repas n'étaient plus interrompus par ses toasts à notre singularité : « À nous, il n'y a personne comme nous ! » Au lieu de cela, il y avait la radio, et les terribles informations – un avion de ligne abattu par les forces armées de la guérilla dans le sud-ouest du pays, les survivants sauvagement massacrés ; l'escalade des raids aériens des forces rhodésiennes sur les camps d'entraînement en Zambie et au Mozambique ; l'assassinat de missionnaires étrangers par Dieu sait qui (chaque groupe blâmait l'autre).

Puis, le 17 octobre 1978, Umtali fut de nouveau bombardé en pleine nuit par les forces armées de la guérilla pénétrant dans le pays par le Mozambique, un événement qui coïncida confusément avec un violent orage. Dans notre pensionnat, nous fûmes réveillées par nos surveillantes qui essayaient de garder leur calme au milieu du sifflement des bombes et du grondement du tonnerre :

« Ce n'est pas un exercice d'évacuation ! Ce n'est pas un exercice d'évacuation ! »

On nous fit lever en toute hâte et descendre par les escaliers de secours. Ensuite on nous poussa sur le sol du vestibule et on jeta sur nous des matelas si précipitamment, et dans une telle panique, que nos mentons et nos coudes heurtèrent le béton.

« Baissez la tête ! criaient les femmes. Silence ! Du calme ! Taisez-vous ! »

Mlle Carr fit l'appel comme si c'était une question de vie et de mort et les filles crièrent leur nom en réponse comme si cela pouvait les empêcher d'exploser en mille morceaux.

« Brown, Anne ! » « Coetzee, Jane ! » « Dean, Lynn ! » « De Kock, Annette ! »

Et il y avait des petites qui appelaient leur mère en pleurant ; des gens priaient tout haut, hurlant le nom de Dieu ; les surveillantes et les professeurs nous disaient de nous taire et sans arrêt le boum boum boum sifflant d'une autre bombe, et encore un coup de tonnerre. Mais couvrant ce vacarme assourdissant j'entendais la voix sonore, insistante de ma sœur, à l'autre bout de l'abri de fortune, « Bobo ! Bobo ! Bobo ! », et elle s'obstina jusqu'au moment où je lui criai en retour : « Van, je suis là ! Tout va bien ! Je suis là, ma vieille ! »

Ensuite elle se tut sous son matelas encombré de monde et moi sous le mien, mais les bombes lancées depuis les collines Mutarandanda continuaient de pleuvoir sur Umtali. Je pensai que Vanessa et moi allions mourir de cette façon, et que ce serait une juste punition pour avoir laissé Olivia partir la première. Et je compris brusquement que c'était à cause de notre vitalité et de la mort de notre sœur que mon père était devenu silencieux, et que ma mère s'était retirée si loin de nous qu'elle semblait être une silhouette vue par le mauvais bout du télescope, familière mais trop distante pour être touchée.

Puis l'attaque cessa et contre toute attente, nous étions encore en vie. Les surveillantes vinrent retirer les matelas de nos têtes. Les garçons se répartirent dans le dortoir des petits et les filles se couchèrent tête-bêche dans le dortoir des garçons des grandes classes – les corps emmêlés tous ensemble. Peu d'entre nous dormirent, mais juste avant l'aube nous entendîmes d'autres tirs d'artillerie dans les collines, et nous nous détachâmes les unes des autres, dégageant nos jambes enchevêtrées, dénouant nos doigts entrecroisés.

« Tous aux abris », hurlions-nous.

Nous nous bousculâmes pour nous cacher sous les lits jusqu'à l'arrivée de Mlle Carr.

« Tout va bien, nous rassura-t-elle. Tout va bien. Ce sont *nos* hommes. Ils veillent sur votre sécurité. Recouchez-vous. Pas d'inquiétude, ce sont *nos* tirs de mortier. »

Mais je découvris soudain deux choses qui m'apparurent avec une clarté totale : peu importe qui tire les mortiers, le bruit est le même ; et rien ne serait plus jamais sûr et sans danger.

Les deux jours suivants, le téléphone du foyer n'arrêta pas de sonner et un élève après l'autre fut convoqué dans la salle des professeurs enfumée pour parler à ses parents. Ils revenaient l'air grave et compassé, le visage souillé de larmes, rapportant que leurs parents s'étaient fait un sang d'encre pour eux et n'avaient pas fermé l'œil. Papa et maman ne téléphonèrent pas une seule fois pour demander si nous allions bien, Vanessa et moi. Je pensai alors que ça leur était peut-être égal, et que de tous les parents du collège Chancellor, ils étaient les seuls à ne pas s'être inquiétés pour leurs enfants. Mais Vanessa dit :

« Non, ce n'est pas ça. Nous devons nous débrouiller toutes seules. Tu dois être encore plus courageuse, Bobo. Ils attendent de nous que nous soyons courageuses à présent. »

Deux semaines après l'attaque, nous rentrâmes à la maison pour le week-end. Maman nous donna un tee-shirt à chacune, et nous comprîmes que c'était pour nous féliciter de ne pas nous être conduites en mauviettes (de la même manière, on nous emmenait dans la librairie de livres d'occasion à Salisbury si nous avions été endurantes chez le dentiste). Le tee-shirt était décoré d'une bouteille de bière qui avait la forme d'une grenade. Il portait l'inscription VENEZ FAIRE LA BOMBE À UMTALI.

« Tenez, dit maman. C'est pour plaisanter ; c'est drôle, non ? C'est un jeu de mots. Vous savez ce que c'est ? »

Puis elle regarda ses mains et ses yeux devinrent très pâles.

« Ils nous ont demandé de ne pas vous téléphoner. Ils ont dit que ça encombrerait les lignes. Ils ont dit que nous ne devrions pas… »

Il y eut une pause.

« Vous savez que vous devez veiller l'une sur l'autre. »

Elle nous adressa un sourire tremblant, incertain.

« Vous le savez, n'est-ce pas ? »

Nicola Fuller et la fin de la Rhodésie

Les questions qui commencent par « Et si » exaspèrent ma mère. Mais je passe beaucoup de temps à cerner ce tourbillon opaque. Et si nous avions été lucides ? Et si le cadre de nos vies avait été plus ordinaire ? Et si nous avions tempéré notre passion avec un peu de prudence ?

« Les et-si sont ennuyeux et vains », dit maman.

Car même si au cours de son existence ma mère a frôlé de près une folie profonde, irréparable, elle ne demeure pas à présent dans un monde dévasté et plein de regrets, telle Miss Havisham, et ne souhaite se défaire d'aucun épisode de sa vie, même des parties horribles, douloureuses, dommageables.

« Les et-si sont la pire sorte d'autopsie, dit-elle. Et je déteste les autopsies. Il vaut beaucoup mieux affronter la vérité, se secouer et continuer sa route. »

La vérité est donc celle-ci : la fin de la guerre approche (la fin de tout), et notre pensée collective a été si ébranlée par la violence irrésistible, hallucinatoire que nous ne voyons plus d'issue, même dans un autre endroit de Rhodésie, à une adresse plus sûre, et encore moins hors du pays. De toute manière, l'idée de partir ne nous vient pas à l'esprit. Nos vies nous apparaissent tendues, excitantes, terribles et bienheureuses, débridées et captivantes. Elles sont rhodésiennes, c'est ainsi que nous les voyons, et il n'est pas facile de quitter une vie d'une richesse et d'une difficulté aussi laborieuses.

De surcroît, partir était une forme de trahison, de lâcheté. Maman serre le poing.

« Les Fuller ne sont pas des poules mouillées, dit-elle. Non, on ne quitte pas un pays qu'on prétend aimer sans résister juste parce que les choses tournent mal. »

La guerre s'intensifia encore et encore, épargnant au final très peu de familles – rurales, urbaines, noires ou blanches – mais nous tînmes bon.

Puis survint un événement qui aurait pu tout changer : le père de mon père mourut. Une bonne semaine s'écoula avant que l'un des parents de papa songeât à le prévenir :

« L'enterrement est dans deux jours, lui annonça oncle Toe. Désolé que tu ne puisses pas y assister. »

Les yeux de maman pâlissent.

« Enfin, nous étions seulement en Rhodésie, ditelle. Ce n'est pas comme si nous avions disparu de la surface de la terre. »

Quelques heures après avoir reçu ce coup de téléphone, papa obtint un billet d'avion bon marché pour l'Angleterre par l'intermédiaire des Amis de la Rhodésie, un organisme qui aidait les Rhodésiens à court de liquidités en cas d'urgence. Il trouva ensuite à Umtali un tailleur indien qui accepta de lui faire un costume en une nuit.

« Je paye comptant, annonça-t-il. J'ai besoin d'un costume de première classe pour un prix de troisième classe. »

Le lendemain matin, papa arriva à Londres. Il mit son complet neuf, loua une voiture, et arriva à l'église deux minutes avant l'heure où la cérémonie devait commencer.

« Ç'a été un franc succès, raconte maman. Tim était de retour d'Afrique, bronzé et élégant. »

Ancienne colonie et aujourd'hui pays renégat, la Rhodésie faisait fréquemment la une de la presse internationale : RHODÉSIE – L'APARTHEID S'ÉTEND AU NORD ; LA RHODÉSIE AFFRONTE SA DERNIÈRE HEURE ; L'ARMAGEDDON EST PROCHE. Mon père dut apparaître à ses proches comme un personnage englouti dans le continent noir, perdu à tout jamais.

« Ils n'auraient pas été plus choqués si Donald s'était assis dans son cercueil et avait demandé un Pink gin pour la route », dit maman.

Papa prit place près d'une porte latérale et considéra l'assemblée. Je me représente la scène : lady Fuller immobile au premier rang, silencieuse, très élégante dans ses vêtements de deuil (je savais si peu de choses sur la seconde épouse de mon grand-père que la seule donnée qui puisse m'aider est le nom inscrit sur les lettres d'avocat, et elle est figée dans mon imagination telle la caricature d'un personnage de Noël Coward) ; oncle Toe, pâle et grave sur le banc derrière elle ; dans son sillage, un groupe respectable de cousins, quelques tantes, un oncle ou deux ; ensuite, une rangée de solides gars de la marine, et au fond, le porcher de mon grand-père.

Après que le pasteur eut émis les paroles de circonstance, tout le monde fut prié de se lever et de chanter « Le jour que Tu donnas décline ». Ensuite, un officier plus ou moins supérieur de la marine vint en chaire et parla avec éloquence de la carrière du capitaine Connell-Fuller (orientant habilement ses commentaires afin de passer très au large du délicat sujet de la promotion au rang d'amiral, ou même de vice-amiral tant désirée par mon grand-père, mais qu'il n'avait jamais obtenue). Puis un parent âgé se leva, et parla du goût de Donald pour le polo ; de sa passion pour les porcs acquise pendant la retraite (le porcher émit un petit sifflement affligé) ; de la fois où il avait fait sauter un chêne à Douthwaite parce qu'il faisait obstruction à son swing de golf (gloussement général). Puis l'assistance fut priée de se lever de nouveau pour l'hymne final : « Père éternel, sauveur tout-puissant ».

Après cela, le cercueil du vieil homme fut porté hors de l'église, déposé au fond d'un trou et ensuite, comme si la première motte de terre anglaise humide sur le couvercle en bois avait été le coup d'envoi, la querelle entre les héritiers commença pour ne s'apaiser qu'une génération et demie plus tard, quand le peu qui restait rendit vaine toute dispute. Ma mère ferme les yeux et secoue la tête.

« Il y avait, comme tu le sais, disons, quelques… problèmes avec le testament. »

Elle refuse de développer. Elle frappe l'air devant son visage.

« Tout ça n'est pas clair, dit-elle, mais c'est du passé. Ça ne sert à rien de s'étendre sur le sujet, n'est-ce pas ? »

Notre destin était donc cent mille pour cent rhodésien et même à cette date tardive, nous poursuivions le combat pour la Rhodésie comme si c'était le dernier endroit sur terre, comme si la perdre revenait à nous perdre nous-mêmes. Et notre existence – ce qu'il en restait – se poursuivait, invivable à un point surréaliste. Vanessa et moi continuions nos études dans l'établissement d'État où la ségrégation était appliquée, et où nous priions avec une concentration et une intensité accrues pour nos pères, nos frères, nos garçons, nos hommes. Toutes les six semaines, papa disparaissait dans les collines de l'Himalaya pour combattre les forces de la guérilla, revenant à la maison épuisé, son épaule droite penchée comme une aile cassée à cause du poids constant du FN qu'il portait. Et maman travaillait à la ferme : surveillant le bétail à cheval le matin ; passant l'après-midi dans les champs de tabac ; se tracassant devant une pile de factures impayées le soir.

Elle devint fine et musclée, les pieds calleux dans les bandes de vieux pneus de tracteur clouées qui lui tenaient lieu de sandales désormais, les mains durcies, couvertes d'ampoules. La douceur maternelle qu'elle avait eue au début – cette jeune femme souriante en robe de vichy berçant une Vanessa saturée de Shakespeare sur la pelouse de Lavender's Corner – s'était entièrement estompée. Mais un soir de septembre 1979, elle s'écarta brusquement de la table du dîner, la main sur sa bouche, prise de nausée, les yeux vitreux. Elle fixa son assiette.

« Oh, cette odeur ! » s'exclama-t-elle.

Connaissant les signes révélateurs, mon père posa son couteau et sa fourchette.

« Ça va, Tub ? »

Maman leva un doigt.

« Ça va aller. »

Elle se précipita hors de la pièce et papa la regarda battre en retraite. Puis il repoussa son assiette, alluma une cigarette et posa la tête dans ses mains – les volutes de fumée s'élevant dans ses cheveux clairsemés. Dehors, les insectes continuaient de frémir ; les vaches laitières de maman mugirent, sans doute à cause du passage d'un chien errant, et une explosion étouffée retentit dans les collines – quelque chose ou quelqu'un faisant détoner une mine sur le cordon sanitaire. Qu'elle fût prête ou non pour cela, la maternité s'était imposée à elle une fois de plus.

C'est une ruse ancienne et peu judicieuse – l'introduction d'un bébé pour rendre son innocence à l'univers, un effort pour contraindre le monde qui court à sa perte à se plier à la routine réconfortante d'une nursery embaumant le lait, un souhait de voir nos péchés lavés par la pureté inhérente au nouveau-né. Mais à la fin de 1979, notre pays était hors de la portée d'un enfant, même miraculeux. La guerre durait depuis si longtemps et était si désespérée que c'était une guerre de civils et non plus une guerre civile, un corps-à-corps, un conflit personnel à l'extrême. La ligne de front s'était déployée des frontières aux zones urbaines et à nos seuils, et si nous n'avions pas tous du sang sur les mains, nous étions tous liés par le sang à quelqu'un qui en avait.

Et à présent, de façon atroce, la demi-vie de notre violence s'était étendue indéfiniment : la guerre était devenue biologique. Avec l'aide des militaires sud-africains, les forces spéciales rhodésiennes avaient introduit dans l'eau la bactérie du choléra et la warfarine, le long de la frontière du Mozambique ; ils avaient injecté du thallium dans des boîtes de conserve qu'ils avaient larguées dans les zones de conflit ; ils avaient déposé de l'organophosphate sur des vêtements qu'ils avaient laissés dehors pour les guérilleros et les sympathisants de leur cause. Ils avaient répandu de l'anthrax dans les villages, et plus de dix mille hommes, femmes et enfants vivant dans les terres tribales du pays avaient été atteints de furoncles nécrotiques parfois mortels, de fièvres, de défaillances respiratoires et de chocs septiques, provoquant la plus grande épidémie d'anthrax que l'humanité eût jamais connue.

Toutes ces actions allèrent en s'intensifiant alors même que les dirigeants du gouvernement rhodésien et les chefs des forces de libération se rencontraient à Londres, à Lancaster House, pour discuter de la transition possible entre un État voyou et la règle de la majorité, entre la guerre et la paix. Lord Carrington, ministre britannique des Affaires étrangères et du Commonwealth, ouvrit la séance abruptement : « Il est hautement regrettable et très décevant pour moi et mes collègues que les hostilités se poursuivent pendant cette conférence... »

Il y avait déjà eu des pourparlers de paix – tenus, en 1975, dans une voiture de train sur le pont de chemin de fer qui enjambe les chutes Victoria, par exemple – mais le dialogue avait chaque fois tourné court. Ce fut donc une surprise – et pour certains, en vérité, un choc irrémédiable – quand, le 6 décembre 1979, après trois mois de négociations fragiles, l'accord de Lancaster House fut finalement signé par toutes les autorités compétentes. Tout était réglé. La guerre était finie. Dans quelques semaines, le pays aurait un nouveau nom, le Zimbabwe. Et nous aurions un nouveau Premier ministre, Robert Mugabe.

Au collège, on nous dit que désormais nous étions tous égaux. Après les annonces du matin, nous ne chantions plus « En avant soldats chrétiens » en assemblée ; mais « Prends ma main précieux Seigneur », ce qui faisait apparaître notre relation avec Dieu sous un jour nouveau, frôlant la démonstration publique d'affection autrefois réprouvée (jusqu'à présent, il ne nous serait jamais venu à l'esprit de demander à nos parents, en encore moins à Dieu, de nous prendre la main). Et au lieu de prier pour nos garçons, nos frères, nos pères, nos hommes, nous priions maintenant pour la paix, l'unité et le pardon. Au déjeuner, au lieu de la purée de pommes de terre, on nous servait de la *sadza*, du porridge au maïs, et on nous encourageait à le manger de la manière traditionnelle : roulé en boule dans la paume, et avec les doigts. Notre nouvelle surveillante noire (beaucoup plus jeune et plus énergique que l'ancienne, qui était blanche) nous apprit qu'en employant d'autres mots nous changerions peu à peu notre mode de pensée. Elle déclara que nous devions dire *les combattants de la libération* et non plus les *terroristes*, les *indigènes* et non les *négros* ; nous ne devions plus appeler les adultes des *garden boys* ou des *boss boys* mais des « jardiniers » ou des « contremaîtres ».

« Je suppose que nous avons vu venir les choses, dit maman, mais ça a tout de même été un choc terrible de perdre la guerre de cette façon, de perdre le pays, de tout perdre. Un matin nous nous sommes réveillés et tout avait été décidé et il n'y avait plus de raison de se battre. »

Elle se cale sur sa chaise et les coins de sa bouche se tordent comme si le souvenir de cette époque l'épuisait.

« Tout le monde parlait sans arrêt de la paix et de la réconciliation, mais je savais que ça ne marcherait pas. Non, je savais que ce ne serait ni simple ni facile. »

Les réfugiés zimbabwéens qui avaient passé la guerre au Mozambique se déversèrent sur la frontière et occupèrent les bords de la rivière, au-dessus de Robandi, envasant notre réserve d'eau et transmettant la maladie de Lyme à nos troupeaux avec leurs bêtes non traitées.

« Nous avons dû faire face à un conflit tout à fait nouveau, explique maman. Je voulais que ces squatters quittent notre propriété. Ils ont refusé. Nous étions harcelés et épuisés ; nous avions les nerfs en miettes. »

Agitée, au bord des larmes, elle n'arrivait plus à dormir.

« Aujourd'hui je suppose qu'on appellerait ça une dépression, mais à l'époque on n'avait pas de mot pour le définir. »

En fait si. Vanessa et moi disions que maman avait la « tremblote ».

Dans ces circonstances, papa décida que la meilleure solution pour nous tous serait de quitter Robandi, les squatters, la maison peinte en pêche abricot, et de tourner le dos à ce rappel constant de ce que nous avions perdu. Il signa un contrat d'un an de gérant du Devuli Ranch, une vaste étendue isolée de terres presque incultes au sud-est du pays. Il était chargé de rassembler le bétail qui était devenu sauvage dans les quatre cent mille hectares du ranch au cours de la guerre.

« Une année loin de tout ça, dit papa. Une paix réelle, l'occasion de respirer un peu. »

L'année suivante, une fois par quinzaine, papa emballait une moustiquaire, un sac de couchage, deux bouteilles de cognac, une boîte de café, du riz et un fusil. Puis il installait son camp dans les bois de mopanes dépeuplés, loin de toute trace de vie civilisée. La nuit, il dormait sous un ciel sombre et innocent, à une journée entière de trajet de l'habitation la plus proche par des pistes de bush cahoteuses. Et aucune preuve concrète ne me permet d'affirmer que jour après jour, il ait éliminé de son organisme six années de combats, mais c'est l'explication la plus plausible de la manière dont il a réussi à se reconstruire après la seconde Chimurenga.

Pour commencer, il a emmené maman avec lui au camp. Il l'installait pendant la journée sur une chaise pliante à l'abri d'un baobab avec sa meilleure paire de jumelles et un nouveau livre d'ornithologie. Puis il partait traquer et capturer le bétail. Une fois par semaine, il abattait un jeune impala et le suspendait en lieu sûr pour le saler afin qu'il y eût toujours de la viande fraîche pour elle. Il gardait un feu allumé toute la nuit et disposait des lampes à pétrole autour du camp pour lui éviter de trébucher ou de marcher sur un serpent si elle avait besoin de se lever la nuit.

Mais maman ne réagit pas à l'isolement aussi bien qu'il l'avait espéré. Elle semblait égarée et confuse. Elle était incapable de se concentrer assez longtemps pour lire une seule page de son livre et, plus désolant encore, elle n'éprouvait plus aucun intérêt pour les animaux. Sa peau vira au jaune comme si le soleil intense du bas veldt avait volé sa fraîcheur, et elle se mit à souffrir de palpitations. Le Dr Mitchell s'alarma. Il décida d'hospitaliser ma mère.

« Repos total jusqu'à la naissance du bébé », insista-t-il.

Maman quitta donc le ranch et resta à l'hôpital d'Umtali jusqu'à l'arrivée du bébé, un garçon, par césarienne, à la fin juin 1980.

« Il avait les yeux les plus bleus qu'on ait jamais vus, comme ceux de papa, dit-elle. Il était parfait – un petit visage parfait, un petit corps parfait. »

Elle porte ses doigts à ses lèvres.

« Mais à l'intérieur, quelque chose n'allait pas. L'arrière de son palais, tu sais, n'était pas tout à fait formé… »

Le bébé réussit pourtant à téter un peu et quand il pleurait, maman le tenait contre son épaule et chantait. Mais les jours passèrent et sa léthargie augmenta, il avait plus de difficulté à saisir les doigts de maman et ses cris devinrent plaintifs.

« Nous attendions un appareil médical d'Afrique du Sud, dit maman, pour le fixer à son palais et lui permettre d'avaler sans s'étouffer. »

Mais avant l'arrivée du paquet de Johannesburg, une des infirmières vint près du lit de maman.

« Vous feriez mieux d'aller voir votre enfant, dit-elle. Il n'est pas bien. »

Ma mère maintint les agrafes au bas de son ventre et sortit en hâte de la salle de maternité pour entrer dans la nursery.

« La plupart des infirmières étaient noires à ce moment-là, dit-elle, et après tout ce que nous avions traversé… eh bien, je suppose que c'est naturel. Elles ne se sont pas montrées très compatissantes. »

Elle soupire.

« Elles ont même été un peu vindicatives. »

Elle détourne les yeux.

« En tout cas, c'était très cruel. »

Quand elle parvint dans la nursery, maman trouva le bébé atrocement immobile dans son berceau.

« Mon Dieu, c'était vraiment affreux. Il est mort tout seul. Tu sais ? Il est mort tout seul, le pauvre petit. »

Elle prit le minuscule corps raidi de son fils et le berça – « Je suis désolée, lui dit-elle. Oh, je suis tellement désolée » –, laissant ses larmes couler sur son visage. Puis elle le reposa avec soin dans le lit d'hôpital, le recouvrit d'une couverture et se mit à genoux.

Elle attendit d'être submergée par la douleur ancienne, familière. Au lieu de cela, tout ce qu'elle avait jamais éprouvé s'estompa encore et encore, au point qu'elle perdit le sens de son propre corps : sur le sol en ciment rouge ses genoux étaient, par réflexe défensif, devenus insensibles à toute douleur supplémentaire ; sa récente incision n'était qu'un lointain tiraillement, rien de plus. Rien, rien – le vide. Mes parents ne nommèrent jamais l'enfant. Maman secoue la tête.

« Il n'a pas vécu assez longtemps. Nous voulions seulement oublier, aller de l'avant. »

Mais, incapables d'imaginer un frère sans nom, Vanessa et moi baptisâmes en secret le bébé disparu Richard. De mes trois frères et sœur morts, c'est celui qu'on passe sous silence, et qu'il est préférable de ne pas mentionner.

Des semaines après la naissance et la mort du bébé, maman resta allongée à l'ombre brûlante et dentelée d'un acacia à girafe, rayonnante de vacuité. Le soir, quand le générateur était branché pour quelques heures, elle buvait du cognac et passait et repassait *The Final Farewell*, une chanson de l'album de Roger Whittaker. Parfois, les matins les plus frais, elle longeait à cheval la rive asséchée qui longeait la limite du ranch et elle fredonnait cette chanson, songeant qu'elle ne craignait pas la mort et qu'elle ne trouvait pas les mots pour dire combien elle aimait l'enfant qu'elle avait perdu. Pas un seul mot.

*

Plus de vingt ans après que nous eûmes renoncé à Robandi, en octobre 2002, je revins dans la vallée de Burma pour voir quelles traces de ma famille y étaient restées. Nous n'avons pas vécu très longtemps à Robandi – un peu plus d'une demi-douzaine d'années –, pas même un septième de la vie de maman, alors que j'écris ces lignes. Mais ces années ont recouvert tout le reste de sa vie comme une tache à cause de ce que nous y avons perdu. Même aujourd'hui, Robandi est la géographie de mes cauchemars : les traînées de rouille sur les murs des granges blanches, là où les toits s'étaient oxydés ; l'odeur d'haleine aigre des ateliers ; l'astringent durci de la graisse de fusil sur les doigts. Si je soulève un coin de mes souvenirs de ce lieu, ce qui dégringole est trop volumineux pour que je l'assimile d'une seule traite – aucun bout de terrain ne peut être responsable d'une telle chose.

Je trouvai l'aspect général de notre ancienne ferme inchangé, bien que l'entreprise commerciale fragile gérée par mes parents pendant la guerre fût à peine reconnaissable. L'avenue de flamboyants reliait toujours la route de Mazonwe à la maison peinte en pêche abricot, mais la piste avait disparu. Les clôtures s'étaient effondrées et à la place des cultures et du bétail commençaient à s'étendre des buissons rabougris. Là où maman avait établi une laiterie soignée au toit de chaume, il y avait seulement un enchevêtrement de lantanas. Je roulai le plus loin possible sur une nouvelle piste improvisée, qui passait sur les sillons d'un champ de tabac en friche. Enfin je laissai la voiture près du caniveau, où vivait le cobra autrefois, et je marchai jusqu'à la maison.

Il n'y avait pas de traces récentes sur la route, et quand je l'atteignis, la maison semblait abandonnée, les fenêtres brisées, des fragments de plaques d'amiante avaient disparu du toit et des taches grises de moisissure s'étendaient sur les murs pêche abricot. Dans le jardin desséché, tout était mort. Je frappai à la porte d'entrée (qui portait encore les traces des griffes de tous nos chiens) et un jeune homme vint à la porte. Il était torse nu dans la chaleur d'octobre et venait sans doute de se réveiller. Je m'excusai de mon intrusion, je me présentai, et je lui demandai si je pouvais m'asseoir un moment dans la véranda pour profiter de la vue.

Il médita un instant ma requête, puis il haussa les épaules et dit que la vue ne lui appartenait pas.

« Regardez-la si vous voulez », ajouta-t-il.

Mais sans me laisser le temps de le remercier, il ferma la porte et je restai seule. Je m'assis donc dans la véranda et je contemplai cette vue magnifique, irrésistible, sur Robandi – les rochers saupoudrés de poussière rouge, les kopjes bleu-gris, les collines de l'Himalaya noyées dans la fumée des feux de bush – et la vallée, jusqu'à la ferme d'inspiration italienne de John Parodi avec ses avenues de cyprès méditerranéens, ses colonnes ioniennes et sa cour pavée de briques.

Rétrospectivement, bien sûr, tout le monde aurait dû anticiper cette issue. Nous aurions dû savoir qu'une histoire entamée avec une jovialité aussi inconsciente et unilatérale – des liqueurs colorées comme des joyaux et du vin portugais, un matin d'octobre rhodésien sous la pluie battante – échouerait moins de dix ans plus tard dans la douleur. Mais dans l'ardeur de l'amour, dans le feu du combat, dans le déni feutré du présent, combien ont la sagesse de regarder vers l'avant avec une perspective lucide. Certainement pas mes parents. Ni la plupart d'entre nous. Mais peu de gens payent aussi cher leurs préjugés, leurs passions, leurs erreurs. Dans beaucoup d'endroits, on peut nourrir les croyances les plus ridicules, les plus désastreuses, les plus intolérantes, et n'être blessé que par ses propres pensées.

Pendant les vacances de Pâques de 1983, je venais d'avoir quatorze ans, ma mère m'annonça que John Parodi avait été tué par balle dans sa propre véranda par un assassin ou des assassins inconnus, châtiment sanglant et carnage de la guerre survenu bien après sa fin officielle. Les gens qui trouvèrent son corps dirent que l'empreinte de la main souillée de John courait sur toute la longueur du mur car il avait tenté d'atteindre son fils Giovanni. Et Giovanni lui-même – qui n'avait que quatorze ans mais était déjà beau, avec les sourcils en forme d'ailes de son père aux larges épaules et la bouche rieuse effrontée de sa mère – avait été enlevé de la ferme par les meurtriers de son père. Madeline, la fille de John, âgée de dix-huit ans, ne se trouvait pas à la maison le jour de l'attaque mais pendant des mois et des années après les funérailles de son père, elle roula à moto dans l'Himalaya, cherchant les traces de son frère, l'appelant en vain dans les collines violettes et brûlantes : « Giovanni ! Giovanni ! »

Personne ne commence une guerre en annonçant que les parties concernées perdront leur innocence – que des enfants vont sûrement mourir et disparaître à jamais à la suite du conflit ; que la guerre ne finira pas avant des générations et des générations, même après les déclarations de cessez-le-feu et la signature des traités de paix. Personne n'entame une guerre de cette façon, mais il le faudrait. Ce serait du moins une mise en garde légitime et un aveu honnête : même une bonne guerre – si une telle chose existe – tuera tous ceux qui sont assez vieux pour mourir.

TROISIÈME PARTIE

Le pouvoir a dit au monde : « Tu es à moi. »
Le monde l'a gardé prisonnier sur son trône.
L'amour a dit au monde : « Je suis à toi. »
Le monde lui a donné la liberté de sa maison.

Rabindranath TAGORE

Je garde toujours une réserve d'alcool à disposition au cas où je verrais un serpent, que je tiens aussi à disposition.

W. C. FIELDS

Nicola Fuller d'Afrique centrale et l'arbre de l'oubli

Si je devais dater le moment où ma mère commença à nous échapper, je le situerais à la mort de Richard, car à partir de ce jour-là elle donna l'impression pendant des années de s'être réfugiée dans un monde subaquatique inatteignable. Et comment en aurait-il été autrement ? Son cerveau, déjà très perturbé par une prédisposition génétique aux « humeurs changeantes, à l'équilibre précaire, à la dépression », avait dû être fragilisé par la perte tragique de trois enfants, d'une guerre et d'une ferme, et par le stress encouru au fil du temps. Pour ne rien dire de ce qu'elle avait perdu d'elle-même : la fille kényane capricieuse, la fiancée aux souliers pointus, la jeune mère d'une drôlerie hilarante.

Et même si au cours des années qui suivirent la mort du bébé, elle émergeait parfois de son refuge subaquatique durant des mois d'affilée, le risque de la voir s'éloigner de nous à nouveau était toujours présent. Quelque chose la déstabilisait – un souci mineur (une panne de voiture) ou un choc majeur (la mort de sa mère en 1993) – et elle redevenait inaccessible, dormant tard le matin, ne se souciant plus de son apparence, manifestant un détachement apathique du monde qui l'entourait.

Puis – fait alarmant – quelque chose de tout à fait différent se produisit : en plus de ses plongées dans des abîmes subaquatiques, maman semblait quelquefois perdre tous ses repères et flotter dans les airs. À ces occasions-là, elle débordait d'énergie : montant son cheval avec une furieuse indifférence, et non plus avec témérité ; roulant à grande vitesse sur des mauvaises routes ; buvant par habitude et avec moins de joie. Deux accidents de voiture datent de cette époque : un élégant tour de toupie sur le sommet de son phare avant gauche ; une embardée abrupte dans un collecteur d'eaux pluviales.

« Quelle idée stupide d'avoir creusé un fossé à cet endroit », dit un voisin compatissant en la tirant de ce mauvais pas.

Ensuite, en 1998, dix-huit ans après la naissance et la disparition de Richard et cinq ans après la mort de sa mère, maman connut le pire épisode maniaque de sa vie. Son père était mort plus tôt dans l'année, à près de quatre-vingt-dix ans, s'éteignant paisiblement après sa dose vespérale de J&B, aimé de tous dans sa maison de retraite proche de Perth, en Écosse, où il avait passé ses derniers jours. Maman accepta son décès aussi bien que possible et les obsèques à Waternish se déroulèrent sans incident.

« Les habitants de Skye sont très respectueux des morts, dit maman d'un ton approbateur. Nous n'avons pas eu à régler le péage pour franchir le pont depuis le continent. N'était-ce pas une gentille attention ? »

Papa conduisit le cortège à l'église Trumpan, suivi par le pasteur, par le corbillard, par tante Glug et oncle Sandy. Papa, habitué à couvrir de longues distances sur les mauvaises routes africaines, roula à une allure normale, évoluant habilement entre les moutons à l'œil torve comme si c'étaient des nids-de-poule.

« Le pasteur faisait clignoter ses phares comme un fou parce qu'il voulait que nous ralentissions, mais papa a cru que nous devions accélérer. Je pense que c'est la seule fois où un corbillard a traversé Skye à fond de train sur deux roues. »

Les membres du petit cortège funèbre, un peu essoufflés par ce qui leur avait paru être un rallye automobile, se rassemblèrent autour de la tombe, près de l'église dévastée. Oncle Sandy – dûment équipé d'un kilt, d'un calot glengarry et d'une escarcelle en peau – se mit à jouer *Flowers of the Forest* à la cornemuse.

« Et brusquement, au milieu de tout ça, pendant qu'il jouait et que nous pleurions doucement, les nuages se sont écartés et un ciel étincelant s'est déployé au-dessus de nos têtes. Un personnage en anorak bleu a surgi juste derrière le mur de l'église. Nous l'avons tous vu. »

Une lueur extra-lucide brille dans ses yeux de fille Clanranald.

« Et nous sommes tous tombés d'accord pour dire que c'était le fantôme de l'oncle Allan commotionné venu souhaiter la bienvenue à mon père. Un accueil *typique* des Highlands, je dirais. »

Mais malgré les obsèques réussies et avant son départ d'Écosse, il y eut des signes avant-coureurs d'une crise imminente. Les yeux de maman étaient jaune pâle et elle se mit à entreprendre tous ceux qui voulaient bien l'écouter sur la meilleure manière pour les Écossais de préparer leur sécession de l'Angleterre. (« Vous devriez essayer la DUI, comme nous en Rhodésie. ») Finalement, elle enfourna des livres entières de haggis dans sa valise, qu'elle essaya ensuite de passer à la douane sans les déclarer.

Quand elle revint en Zambie, maman ne mangeait ni ne dormait plus, tournant en rond dans le minuscule cottage prêté près de Lusaka comme un oiseau-mouche pris au piège. Elle renonça aux menus plaisirs habituels – le thé avant le petit déjeuner, la promenade vespérale des chiens, un long bain avant le dîner en écoutant le service international de la BBC –, passant directement à une infusion bien tassée de cognac et de valium, qui n'avait sur elle aucun effet sédatif, même fugace. Papa, qui avait géré les précédentes crises de maman en les ignorant, fut réellement préoccupé par celle-ci. Aussi souvent qu'il le pouvait, il s'installait devant la porte de sa chambre, fumant des cigarettes et faisant des réussites. À l'intérieur, maman restait allongée, feignant de dormir, complotant son évasion dans des lieux lointains et impossibles : la république démocratique du Congo (« Je m'appelle Nicola Fuller d'Afrique centrale ») ou le West End de Londres (*Starlight Express, Cats, Les Misérables*). Et dès l'instant où elle sentait que la surveillance de papa s'était relâchée, elle filait, roulant jusqu'à Lusaka afin d'acheter des billets d'avion pour Londres ou réussissant à atteindre Lubumbashi avant d'être retrouvée par mon père (« Ah pourquoi est-ce que tout le monde me *tyrannise* autant ? »).

Cela dura quelques mois, jusqu'au jour où finalement, épuisée, amaigrie, respirant avec difficulté, elle se fit admettre dans une clinique de Lusaka, tremblant de tous ses membres après avoir couru pieds nus sur une route de terre pendant des kilomètres, martelant les portes au milieu de la nuit jusqu'à ce qu'un gardien l'entendît et vînt lui ouvrir. Le lendemain, papa la conduisit de l'autre côté de la frontière, à cinq ou six heures de route, dans le service psychiatrique d'un hôpital zimbabwéen. On l'attacha à un lit et on l'assomma de médicaments jusqu'au jour où on put la stabiliser, faire un diagnostic, et la soigner.

« Mes pilules de folie, mes pilules de joie, mes pilules de panique, mes pilules de sommeil, dit-elle. J'avais un merveilleux psychiatre, *très* talentueux. Il savait exactement ce qui n'allait pas chez moi et il savait quoi me donner pour me guérir. »

Maman plante plusieurs fois sa canne dans le sol pour insister.

« C'était juste un petit déséquilibre chimique. »

Nous avons cette conversation au cours d'une promenade en fin d'après-midi, entre le fleuve Zambèze et l'arbre de l'oubli. Les chiens nous précèdent, flairant les odeurs de serpent et effrayant des locustes grosses comme des petits pigeons.

« Eh bien oui, reconnaît maman, je suis folle. Nous le savons tous, mais ce n'est pas un problème. Il y a tout ce qu'il faut pour ça chez Cairo Chemist à Lusaka. »

Brusquement elle porte ses jumelles à ses yeux avec un petit cri excité et dit :

« Regarde, un gobemouche du paradis. C'est merveilleux ! Quelle queue glorieuse ! Tu as vu ? »

Mais elle ne me propose pas ses jumelles.

« Il est parti. Là, regarde-le… il descend en piqué. »

Maman inspire profondément, un léger sourire sur les lèvres.

« Ah, j'aime les soirées, dit-elle. C'est une vraie récompense après le labeur de la journée, n'est-ce pas ? »

Et elle a raison. Les soirées sur la rive nord du Zambèze sont d'une beauté stupéfiante. Un ruban frissonnant de fumée bleutée du feu de cuisson d'un village voisin reste suspendu au-dessus de la ferme. Des tourterelles émeraudines appellent : « Ma mère est morte, mon père est mort, et mon cœur fait boum-boum-boum. » Les grenouilles coassent depuis le remblai. L'air fourmille de coléoptères, de cigales, de moustiques et de mouches tsé-tsé. Des aigrettes blanches contre le ciel gris-rose flottent vers l'amont pour nicher dans les acacias mimosas au milieu des bananiers de papa.

« Je ne le laisserai pas couper ces arbres, dit maman, les oiseaux les adorent. »

Mais on ne peut pas profiter de toute cette vie sans subir en contrepartie une dose équivalente de mort et de décomposition : le matin, la bonne de mes parents, Hilda Tembo (« Big H » pour la famille), ramassera un demi-seau de carcasses d'insectes et deux cadavres de geckos sous l'arbre de l'oubli. Dans plusieurs mois trois des Jack Russell auront été dévorés par un cobra dans le bureau de papa, et un autre aura été englouti par un crocodile dans les étangs à poissons de maman. Un matin papa sortira de la chambre pour découvrir un python enroulé autour de Wallace (feu le chat), une parfaite image de bande dessinée.

« Ici, tu apprends à ne pas pleurer chaque bestiole », dit maman.

Elle secoue la tête.

« Non, tu ne peux pas, sinon tu n'en finirais jamais avec le deuil. »

Ce que ma mère ne dit pas – perdue dans sa conversation sur les pilules chimiques – c'est qu'elle connaît non seulement le chemin du chagrin dans le sang, mais aussi celui qu'il emprunte à travers les fêlures du cœur. Ce qu'elle ne me dit pas, c'est que cette guérison de la folie du chagrin n'a pas été seulement le résultat des prescriptions médicales, mais aussi une affaire de volonté.

« J'enviais parfois les gens qu'on voit courir dans Kafue Road dans des sacs de jute », m'a-t-elle confié une fois.

Et il est vrai qu'elle a envisagé avec sérieux ce niveau de démence profonde, irréversible comme une option. Au lieu de cela, elle a pris une autre voie et s'est ressaisie, et ce n'était pas grâce au psychiatre très talentueux, mais grâce au pardon : elle a pardonné au monde et la raison a repris ses droits. Elle s'est amnistiée elle-même et son âme a retrouvé un toit. Pour atteindre ce résultat il a fallu des années, il a fallu cette ferme et l'arbre de l'oubli. Il a fallu tout cela mais surtout, la seule chose que le chagrin n'a jamais pu voler à ma mère : le courage.

Pendant près d'un an maman avait été attachée dans le service de psychiatrie de l'hôpital du Zimbabwe et elle avait reçu des doses variées de pilules de folie, de pilules de bonheur, de pilules de panique et de pilules de sommeil, elle était restée couchée dans le petit cottage prêté à l'entrée de Lusaka, totalement épuisée. Vanessa et moi étions alors mariées, toutes les deux avec de jeunes enfants (moi en Amérique, Vanessa à Londres à ce moment-là) et aucune de nous ne pouvait facilement revenir à la maison. Papa s'occupa donc de maman ; il lui apporta son thé, emmena les chiens faire leur promenade pour qu'ils la laissent en paix ; il lui fit couler un bain tous les soirs et régla la radio sur le service international de la BBC. Mais à cinquante-cinq ans, maman semblait enfin avoir renoncé.

Elle prit les pilules prescrites par le psychiatre *très* talentueux et tira les rideaux. Une chauve-souris élut domicile dans son placard et détruisit tous ses chapeaux Royal Ascot et maman n'entra pas en guerre contre elle ; des charbonniers vinrent dans la propriété et leurs haches tintèrent contre les troncs des vieux kajats et elle n'entra pas en guerre contre eux ; des voleurs emportèrent son antique machine à coudre à pédale (responsable d'avoir aidé ma mère à confectionner nos déguisements infâmes et tarabiscotés de fête costumée) et elle se contenta de soupirer.

Papa essaya tout.

« Je crois que j'ai vu un ourébi ce soir quand j'ai sorti les chiens », disait-il (ce qui, en temps ordinaire, aurait suffi pour faire bondir maman, les jumelles à la main). Ou bien il lui apportait des crevettes au piri piri et un vin convenable (dans une bouteille et non dans un cubitainer) acheté chez le marchand italien de Lusaka, mais elle se retirait après avoir mangé une crevette et bu un demi-verre de vin. Et même quand il rapporta à la maison un chiot, un comique danois croisé labrador couleur de fumée (« la meilleure moitié de chaque », promit-il), maman réussit tout juste à ébaucher un vague sourire de remerciement.

Donc, le soir quand elle dormait, il allumait un feu de camp devant leur petite maison ; il appuyait le menton sur un pouce, deux doigts calant une cigarette contre sa lèvre inférieure, et il réfléchissait, cherchant une solution.

« Il n'était pas question de la laisser renoncer, dit-il. Non, je savais qu'elle avait juste besoin d'un petit encouragement et que tout reviendrait dans l'ordre. »

Il s'interrompt et frotte le haut de ses pommettes avec le poing. Quand il continue, sa voix est plus dense.

« À travers toutes ces épreuves, elle n'a jamais perdu espoir en moi, dit-il. Non, en ce qui me concerne, elle a toujours été la femme la plus formidable de toute l'Afrique. »

Après notre départ de Robandi, mon père dit qu'il n'essaierait plus jamais de posséder une ferme africaine.

« On sue sang et eau pour une terre et ensuite… »

Il secoua la tête.

« Le gouvernement est renversé – il y a un coup d'État, les squatters arrivent, le vent change de direction – et brusquement on n'a plus rien. Non, il n'y a pas de raison, on peut encore travailler en Afrique sans essayer de posséder quoi que ce soit. »

Il cita alors Marcus Garvey :

« L'Afrique appartient aux Africains. »

Pour commencer, papa obtint un poste de gérant d'une grande exploitation de tabac au Malawi. Son patron était le président à vie du Malawi, le dictateur vieillissant Hastings Kamuzu Banda, ou Son Excellence, ainsi qu'il préférait être appelé (S.E. pour faire court). C'était, dit maman, une expérience utile et une leçon d'humilité d'avoir un patron noir très sérieux et très puissant après la suprématie blanche en Rhodésie.

« Un cours précis et accéléré sur la manière de vivre et de se comporter dans un pays noir africain dirigé par des Africains noirs », dit-elle.

La vraie date de naissance de S.E. était un secret d'État, mais il était indéniablement très âgé et vieux jeu. Il affectionnait les costumes trois-pièces sur mesure avec des pochettes assorties et se promenait partout avec un fouet à mouches, comme s'il s'attendait à être sans cesse importuné.

« Il terrorisait tout le monde, dit maman. Il fallait faire des courbettes et être à son entière disposition. Et si on le contrariait, votre compte était bon. »

Elle écarquille les yeux.

« À la fin de notre première année dans la propriété, le sous-directeur de notre compagnie a eu un léger désaccord avec S.E., et peu après, on a retrouvé sa Mercedes criblée de balles au bas d'une falaise. »

Quelques jours après l'arrivée de mes parents dans le pays, un espion officiel fut envoyé dans l'exploitation de tabac pour surveiller leurs activités, et s'assurer qu'ils se conduisaient d'une manière malawienne satisfaisante en toutes circonstances ; pas de cheveux longs ni de barbe pour les hommes ; les femmes devaient porter une jupe au-dessous du genou (le pantalon était interdit) ; pas de baisers en public ; pas de littérature non censurée ; et surtout, S.E. devait être constamment vénéré et honoré.

« On n'avait même pas le droit de jeter ou de brûler un journal s'il contenait son image, dit maman, ce qui était un casse-tête parce que chaque édition du *Malawian Times,* peu importe comment il s'appelait, publiait des tas de photos de lui – penché sur un lit d'hôpital, bénissant un écolier, descendant d'un hélicoptère blindé. À la fin, il valait mieux ne pas acheter de journal du tout, parce qu'on n'avait pas d'endroit où les stocker ! »

Le courrier de mes parents était ouvert à la vapeur et tous leurs appels surveillés par un espion qui travaillait au central téléphonique.

« On entendait le type manger son déjeuner sur la ligne, dit maman. Nshima et condiments. Miammiam. »

Et une ou deux fois, papa fut embarqué par la police pour un interrogatoire.

« Des pages et des pages nous accusant de tout ce que nous étions censés avoir commis », dit maman.

Elle boit une gorgée de thé et retire distraitement une tique de l'un des Jack Russell couchés sur ses genoux.

« Oh oui, les choses pouvaient prendre un tour très menaçant en un rien de temps et c'était très stressant, dit-elle. J'ai eu une éruption de furoncles et les cheveux de papa ont commencé à tomber, nous avions tout le temps des crises de paludisme. Quand notre contrat de deux ans s'est terminé, nous en avions assez. Deux ans, ça nous avait suffi. »

Une entreprise allemande proposa du travail à mes parents en Zambie, et ils cultivèrent du maïs, des graines de soja, du tabac et élevèrent du bétail dans une ferme proche de la frontière du Zaïre.

« Nous aimions travailler pour ces Zallemands », dit maman.

Elle plaque la truffe du Jack Russell contre son visage.

« Hein, Bumble Bee ? Oui, on aimait les Zallemands. »

Elle me lance un regard.

« Bon, tu sais comment ils sont. Ils voulaient que tout soit bien ordonné et pittoresque quand ils venaient pour leur visite annuelle. Alors ils nous ont acheté deux chevaux de bush pour qu'ils broutent gentiment dans l'enclos et ils nous ont donné un service neuf de verres à vin assortis à la place de ce qui n'avait pas encore été cassé. Ils ont rapporté de leur pays des produits chimiques formidables pour que la piscine reste bleue et ils ont pu s'offrir un plongeon revigorant dans l'eau ou je ne sais quoi d'autre avant le petit déjeuner, comme les Allemands aiment à le faire. »

Maman acheta un guide de conversation et un dictionnaire chinyanja et se mit à s'exercer avec le cuisinier, Adamson Phiri.

« *Muli bwanji. Dzina landa ndine.* Bonjour, je m'appelle Nicola Fuller d'Afrique centrale », disait-elle.

Elle aimait particulièrement le mot chinyanja pour « cerveau ».

« *Bongo*, disait-elle triomphalement, bongo, bongo. N'est-ce pas onomatopéique ? Ça décrit mon cerveau à la perfection. »

Ensuite elle retrouva son cours d'allemand de Berlitz laissé de côté depuis l'époque où papa avait travaillé pour la société de produits vétérinaires au Kenya (« Je savais que ça servirait un jour », s'exclama-t-elle victorieuse) et elle se promena dans la maison en demandant aux animaux : « *Wie geht es dir ?* Comment ça va ? »

Pendant quelques années, papa et maman furent dans l'ensemble très heureux. Certes, plusieurs de leurs voisins fermiers de Mkushi étaient armés et tendus – « tous ces Yougoslaves et ces Grecs, dit ma mère d'un ton appréciateur, très versatiles » – mais du moins il n'y avait pas de guerre. Et les poneys de bush zambiens étaient têtus et se cabraient, mais donnèrent à maman l'idée qu'il serait agréable de faire à nouveau du saut d'obstacles, aussi, elle s'acheta un cheval convenable (une jument hanovrienne du nom de Hannah) et commença à participer à des concours agricoles. Et papa, inspiré par son initiative, se remit au polo, disputant des tournois poussiéreux et dangereux à Lusaka. (« Dégagez ! Dégagez ! » hurlaient les cavaliers quand un amateur au cheval emballé fonçait en criant vers le but.)

Alors se produisit à l'autre bout du monde un événement qui changea tout. Fin 1989, le mur de Berlin tomba et en l'espace d'une nuit ou presque, le système prévisible de la guerre froide sur lequel la Zambie (pays socialiste) se reposait depuis si longtemps devint beaucoup moins sûr. Les marchés s'ouvrirent, les contrôles de monnaie s'effondrèrent, l'aide alimentaire américaine se déversa dans le pays et, brusquement, les fermiers ne parvinrent plus du tout à vendre localement leur maïs et leurs graines de soja.

« Pourquoi acheter de la nourriture quand on vous la donne pour rien ? » dit papa.

Au début des années 1990, les Allemands devinrent anxieux.

« Ils voulaient faire sortir leur argent de Zambie », dit maman.

La ferme fut donc vendue et mes parents se retrouvèrent sans travail et sans maison. Un ami leur proposa de s'installer à Oribi Ridge, un petit cottage avec des écuries attenantes et une orangeraie sur une colline plantée de msasas, à une trentaine de kilomètres de Lusaka.

« Gratuitement, commente maman en secouant la tête émerveillée. N'est-ce pas généreux ? Nous avons eu tant de chance avec nos amis pendant notre vie. La seule chose que nous ait demandée Graeme en échange, c'était d'empêcher les villageois des environs d'abattre ses arbres – une magnifique forêt vierge, de très anciens bois de miombos. »

Mes parents emménagèrent donc dans une minuscule maison à Oribi Ridge, avec une demi-douzaine de poneys, plusieurs chiens, les livres de maman, les gravures de chasse, le bronze de Wellington, et les casseroles Le Creuset. Mais même avec ses chevaux et ses chiens, maman s'ennuyait et s'agitait. Pendant les vingt-cinq années précédentes, elle avait aidé la plupart du temps mon père à diriger une succession de fermes, et à présent, sans la routine des saisons, sans la discipline des semis et la rigueur des hangars de conditionnement, sa tendance à sombrer dans un monde subaquatique ou à se couper de tout prenait aisément le dessus.

De son côté, sans ferme à gérer, papa fit le seul travail qu'il put imaginer pour gagner sa vie : il vendit du poisson à Lusaka, à l'arrière d'un petit camion. Ma mère le surnomma le marchand Tim, et bien qu'elle le dît d'un ton léger, son commentaire avait un accent méprisant. Papa paraissait un peu perplexe, comme s'il regrettait de ne plus arpenter le sol. Il se plaignit de n'être pas en forme et d'avoir mal au foie, et il cessa de prendre un petit déjeuner.

« C'est un repas de fermier, expliqua-t-il, et je ne le suis plus. »

Mais il ne pouvait s'empêcher de ramasser distraitement une poignée de la terre qu'il foulait et de la renifler ; calculant son pH probable ; évaluant inconsciemment sa qualité pour la culture du tabac, des graines de soja ou du maïs ; jugeant de sa capacité à retenir l'humidité.

Un dimanche matin de 1995, papa quitta donc la maison d'Oribi Ridge, suivit une piste de braconnier jusqu'au bord de l'escarpement dominant le fleuve Zambèze et s'assit là jusqu'au coucher du soleil, fumant et méditant et griffonnant des chiffres au dos d'un paquet de cigarettes. Papa ne peut pas dire exactement ce qui s'est passé dans sa tête ce jour-là, ni pourquoi, mais quand il est rentré le soir, il a déclaré à maman qu'il avait un plan.

« Pourquoi vendre du poisson quand on peut l'élever soi-même ? demanda-t-il. Nous allons obtenir un bout de terrain au bord du fleuve, et nous lancer dans la pisciculture. »

Maman leva les yeux du feu de camp.

« Mais je croyais que tu avais dit que l'Afrique était aux Africains », répondit-elle.

Papa s'accroupit devant le feu et tourna une bûche jusqu'à ce qu'une flamme jaillît des braises.

« C'est vrai », dit-il.

Il alluma une cigarette avec le bout rougeoyant de la bûche et regarda maman en plissant les yeux dans la fumée.

« C'est vrai. »

La semaine suivante, il fit deux heures de route le long des rives du moyen Zambèze et se présenta devant la *boma* – l'enceinte – du chef Sikongo. Il retira son chapeau, tendit un cadeau à l'aide (un sac de farine de maïs et de l'huile de cuisson) et demanda s'il pouvait avoir une audience avec le chef. On lui dit d'attendre sous un manguier. Papa s'installa donc à l'ombre et passa le temps en regardant les villageois aller et venir depuis le fleuve tandis que des poulets picoraient autour de ses pieds et que des chiens se blottissaient près de lui dans des creux poussiéreux. Quelques heures plus tard, le chef émergea de son palace (une modeste maison de brique), et après l'échange habituel (Comment sont les pluies à Lusaka ? Comment était le voyage ?), mon père expliqua au chef qu'il voulait une petite ferme au bord de la rivière afin d'élever des poissons dans des étangs, quelques moutons ici et là, et de cultiver des bananiers dans un champ. Le chef écouta et dit ensuite à papa de revenir une semaine plus tard avec une paire de chaussures Bata sans lacets, pointure 37 et demi. (« Ça ne devrait pas être trop difficile », songea papa.)

La semaine suivante, il revint donc dans la boma du chef Sikongo avec une paire de mules Bata pointure 37 et demi. Il tendit le cadeau à l'aide et attendit une audience avec le chef sous le manguier, dans le soleil blanc éclatant du Zambèze. Quelques heures plus tard, le chef apparut, et papa expliqua de nouveau son besoin d'une ferme – les poissons, les bananiers, les moutons. Le chef écouta et lui dit de revenir le mois suivant avec un transistor, des piles de rechange et du sel.

Un mois après, papa revint dans la boma avec les cadeaux, selon les instructions du chef. Cette fois encore, il expliqua comment fonctionnerait sa future ferme et précisa qu'il emploierait un certain nombre de ses sujets – des gens pour travailler dans le secteur des poissons, d'autres dans les bananiers, des bergers pour les moutons. Le chef écouta et acquiesça, marmonnant de temps à autre quelques mots à son aide. Puis il dit à papa de revenir deux mois plus tard, avec un smoking et un bœuf.

Ainsi, tel un personnage de conte de fées à la poursuite d'un rêve irréalisable, papa revint encore et encore voir le chef avec des offrandes, des explications et des estimations. Il se présenta dix-huit fois dans la boma et attendit sous le manguier, le plus souvent pendant les heures brûlantes du milieu de la journée, d'être reçu par le chef. À dix-huit reprises, celui-ci accepta ses cadeaux et écouta son histoire, et au bout de tout ce temps, papa dit enfin :

« Chef Sikongo, ce n'est pas seulement pour moi. Vos sujets apprendront à élever les poissons, ils auront des logements décents et il y aura du travail pour les femmes. Tous ensemble nous ferons quelque chose de cet endroit. »

Papa se tint sur une jambe, tel un écolier, et se gratta le mollet avec la pointe de son soulier.

« *Pamodzi, pamodzi.* Ensemble, Ensemble. »

Le chef leva les yeux vers lui et acquiesça.

« Très bien, j'ai vu », dit-il.

Il y eut une pause et ensuite il ouvrit les mains et indiqua le bas du fleuve.

« Au-dessous du pont, il y a un bout de terrain dont vous pouvez disposer ; personne ne s'en sert – il n'y a pas de route, pas de constructions. Je pense que ça convient à votre projet. »

Papa regarda le chef en clignant les yeux, osant à peine y croire. Puis il reprit ses esprits et fit une petite révérence.

« *Zikomo kwambili,* chef Sikongo. Merci beaucoup », dit-il.

La proposition de créer une ferme avec des étangs à poissons et des bananiers fut alors soumise au Conseil du district de Siavonga (un mois ou deux s'écoulèrent). Puis le terrain fut inspecté par un conseiller local et jugé apte au développement (quelques mois passèrent encore). Ensuite un agent de planification se rendit au Zimbabwe pour voir par lui-même à quoi pouvait ressembler une ferme piscicole et, au bout d'un délai de quelques mois supplémentaires, il approuva le projet. Ensuite on procéda encore et encore à des levés de terrain. Et tout cela progressa en fonction du temps ; des moyens de transport disponibles ; de l'état de santé des différents fonctionnaires (les accès de paludisme survenant toujours à un moment inopportun). Près de trois ans après sa première entrevue avec le chef, papa n'avait toujours pas de titre de propriété pour la ferme.

Pendant ce temps, maman avait sa dépression nerveuse à deux cent mille pour cent et elle restait couchée dans le cottage prêté d'Oribi Ridge, les rideaux tirés contre la lumière, l'esprit fermé au monde, ses chapeaux Royal Ascot en loques. Elle vendit ses chevaux, renonça à la lecture, cessa de promener les chiens. Papa était aux petits soins avec elle, essayant de lui faire quitter le lit à force de cajoleries, et le soir il s'asseyait seul devant le feu de camp, ranimant les braises et contemplant les flammes, il réfléchissait et se disait que son intuition avait peut-être été la bonne ; sans doute était-ce une folie d'essayer une fois de plus de posséder une terre en Afrique.

Brusquement, alors qu'il était sur le point de perdre espoir, tous les aléas du rituel, de la coutume et de la loi s'envolèrent, se résolvant en une demande acceptable sur le bureau d'un agent de planification. Et un matin de février 1999, quelques semaines avant le cinquante-neuvième anniversaire de mon père, le cadastre de Zambie lui remit un titre de propriété et un bail de quatre-vingt-dix-neuf ans pour une petite ferme dans la vallée moyenne du Zambèze. Papa se précipita à la maison et fit irruption dans la chambre à coucher.

« Tub ! cria-t-il. Une ferme ! Nous avons obtenu notre ferme ! »

Maman se tourna vers la porte, repoussa les couvertures et s'assit.

« Comment ? demanda-t-elle.

— Une ferme, répéta papa, sur les rives du fleuve Zambèze. »

Il tortilla des hanches.

« Et si on buvait un coup de pinard dans le jardin ? »

Il brandit un cubitainer de vin sud-africain.

« Allons, Tub ! »

Il mit le bras sur les épaules de maman et la fit lever. Troublée et un peu tremblante, maman passa les mains dans ses cheveux, essayant de les aplatir.

« Tout va bien, dit papa, se calmant un peu. Prends ton temps. Je t'attends dehors. »

Il alla dans le jardin, les chiens dans son sillage, et versa un peu de vin dans deux verres. Plusieurs minutes s'écoulèrent, puis il entendit s'ouvrir la porte de la chambre. Les chiens se levèrent d'un bond, remuant la queue avec ferveur pour accueillir maman. Même dans la chaleur torride du mois de février, elle s'était habillée comme pour un voyage long et difficile – un pyjama, un châle autour du cou, de grosses chaussettes – mais elle s'était brossé les cheveux du mieux qu'elle pouvait (les pointes se redressaient encore sur les côtés), et un trait de rouge à lèvres éclatant soulignait sa bouche.

« Te voilà, Tub », dit papa.

Elle s'assit à côté de lui et regarda la forêt de msasas.

« Hum, répondit-elle.

— Tiens », dit papa, lui tendant un verre.

Maman le leva.

« À nous », dit-elle.

Elle sourit.

« Il n'y a personne comme nous, et s'ils ont jamais existé, ils sont tous morts. »

Papa but une gorgée.

« Dis-le encore », répondit-il.

Mon père acheta deux ânes de trait au ministère zambien de l'Agriculture. Son ancien éleveur de bétail de Mkushi, qui était devenu le palefrenier de maman, insista pour venir travailler avec les ânes dans la ferme.

« Si vous avez des ânes, dit Dama Zulu à mon père, alors je dois vous aider. »

M. Zulu apprécia les ânes d'un œil connaisseur.

« On peut les appeler Flash et Lightning », conclut-il avec ce qui se révéla être un optimisme prémonitoire. Ainsi, mon père et M. Zulu, les ânes et une équipe d'hommes des villages environnants travaillèrent ensemble pendant des mois. Ils défrichèrent la lisière de la propriété, arrachèrent les souches, créèrent des coupe-feu ; ouvrirent des passages dans les broussailles. Il faisait terriblement chaud, beaucoup trop pour rester sous une tente (« On serait morts dans cette fournaise », dit papa), aussi, ils dormirent sous une bâche tendue sur des branches de mopane. Et comme les gens qui se retrouvent dans une telle promiscuité, chacun s'appropria les habitudes de l'autre ; par exemple, comme mon père, M. Zulu se mit à marcher les jambes arquées, évitant de parler, sauf pour émettre de brefs aboiements ; et papa, à l'instar de M. Zulu, se promenait partout avec un long bâton pour se protéger des serpents et des branches sinueuses de pois velu.

« Et la nuit ils étaient dévorés par les moustiques, ajoute maman. De vrais chacals, siphonnant des litres de sang, à tel point qu'il ne restait rien de papa ou de M. Zulu, sauf des petits bouts de peau.

— Oh, tu exagères, s'exclame papa.

— Eh bien, elle peut mettre ça dans un de ses Horribles Livres alors », réplique maman.

En avril, M. Zulu, dont les deux obsessions étaient la terre et les épouses, avait compromis deux jeunes femmes du village (et s'était marié avec l'une d'elles, au grand dam de ses trois premières épouses) et papa avait la malaria, mais une route avait été dégagée jusqu'au fleuve et il était maintenant possible de voir le plan de la ferme ; en haut, les marécages boueux qui accueilleraient les étangs à poissons ; au-dessous, le sol plus riche en terreau où pousseraient les bananiers ; près du fleuve, une bande de terrain réservée à un pavillon de pêche et à un bar futurs.

« Aujourd'hui, dit papa à M. Zulu, je vais aller chercher madame à Lusaka pour qu'elle choisisse l'emplacement de sa hutte. Vous devez vous aussi choisir où vous voulez habiter. »

Zulu jeta son dévolu sur une petite colline où il serait le maître et seigneur de tout ce qu'il embrasserait du regard et pourrait voir arriver à plus d'un kilomètre toute jeune fille prometteuse et dénuée de méfiance. De son côté, ma mère se fraya un chemin jusqu'à un arbre un peu à l'écart du versant de la colline de M. Zulu. C'était un arbre de taille modeste, avec une large couronne arrondie de feuilles sombres parcheminées et de branches tombantes. De sa canne, elle frappa le sol sous l'arbre.

« Ici », dit-elle.

Elle leva les yeux vers les rameaux, « remplis d'oiseaux », et annonça :

« Je veux que ma maison soit construite ici. »

M. Zulu descendit de sa colline et se tint sous l'arbre avec ma mère. Il alluma une cigarette et renversa la tête pour regarder la voûte verdoyante. Puis il tendit la main et tira sur les feuilles.

« Vous savez le nom de cet arbre ? » demanda-t-il.

Maman fronça les sourcils.

« Peut-être un faux marula ? » suggéra-t-elle.

M. Zulu secoua la tête.

« Non, madame. C'est l'arbre de l'oubli. Ici tous les chefs en plantent un dans leur village. »

Il tendit l'avant-bras comme pour démontrer le pouvoir de l'arbre.

« Il suffit de planter un bâton dans la terre, et il est si puissant qu'il deviendra un arbre. On raconte que des ancêtres habitent à l'intérieur. En cas de maladie, ou si vous êtes troublée par les esprits, vous vous asseyez sous l'arbre de l'oubli et vos ancêtres vous aideront à arranger ce qui ne va pas. »

Il hocha la tête et tira une autre bouffée de sa cigarette.

« C'est la vérité – tous vos ennuis et vos conflits seront résolus.

— Vous le croyez ? demanda maman, mais sans attendre sa réponse elle chassa du geste sa question. Moi j'y crois, dit-elle. J'y crois à deux cent mille pour cent. »

Maman leva encore les yeux vers les branches de l'arbre et elle sourit.

« S'il vous plaît, monsieur Zulu, dit-elle, apportez-moi ma chaise pliante. Je pense que je vais prendre mon thé ici aujourd'hui. »

M. Zulu alla donc chercher la chaise de maman dans le camion. Papa, encore affaibli par la malaria, était couché sous la bâche et regardait la bouilloire chauffer sur un feu de bois de mopane.

« La madame a trouvé l'emplacement de sa maison », lui rapporta M. Zulu.

Papa se hissa sur un coude et regarda dans la direction du fleuve en plissant les yeux. Dos au soleil féroce de l'après-midi, maman se dressait, les mains appuyées sur sa canne – Nicola Fuller d'Afrique centrale –, légère et victorieuse sous son arbre de l'oubli.

Nicola Fuller d'Afrique centrale à la maison

Quand je descends de l'avion et que je me présente aux contrôles de douane et d'immigration de l'aéroport international de Lusaka, papa et maman m'attendent. Ils se tiennent devant tout le monde, plaqués contre la vitre. Papa porte une chemise bleue, un bermuda ample, et a une pipe à la bouche. Maman, vêtue d'un chemisier à rayures et d'un pantalon corsaire kaki, est tout excitée. Dès qu'elle me voit, elle se met à sauter en l'air et fait le V de la victoire comme si j'étais la première femme à traverser l'Atlantique en solitaire.

« Ouh ouh ! crie-t-elle. Ouh ouh ! »

Mais plus je m'approche, et moins elle sait quoi faire ; elle m'enveloppe dans une étreinte brève et inconfortable et tolère un baiser sur la joue.

« On t'a donné plein de bon vin dans l'avion ? » demande-t-elle.

Papa – qui a l'air un peu surpris depuis qu'il m'a aperçue dans le hall d'arrivée (j'ai changé de couleur de cheveux depuis la dernière fois qu'il m'a vue et bien qu'il ne puisse pas mettre le doigt sur la différence il sait qu'il y en a une) – me tapote les épaules affectueusement et prend ma valise.

« Bon sang, Bobo », s'exclame-t-il, et je sais ce qu'il s'apprête à dire ensuite – « Combien de paires de chaussures tu as là-dedans ? » –, une gueule de bois persistante depuis la fois où maman n'a emporté que des chaussures pointues et des bottes à talons hauts pour leur lune de miel dans le parc national Tsavo.

On me met à l'arrière du pick-up avec un générateur qui fuit, des sacs de nourriture pour les poissons et ma valise.

« Tu es sûre d'être bien installée là derrière » demande maman, bien qu'elle sache que c'est ce que je préfère.

« C'est parfait, dis-je.

— Oui, ça lui fera du bien après la vie de luxe qu'on lui fait mener là-bas », dit papa, tapotant le hayon.

Il baisse la fenêtre et paie le gardien du parking.

« Ne le dépensez pas en vin et en femmes », lui conseille-t-il, et nous partons pour la maison en sifflotant dans la nuit parfaite de Lusaka – respirant les effluves aigres-doux de la ville avec l'odeur des moteurs diesel, du caoutchouc brûlé, des canalisations verdâtres –, les étincelles de la pipe de papa volant autour de mes épaules et de mes cheveux.

Au sommet du jardin de mes parents, dans la ferme piscicole et bananière, il y a une voûte et de larges marches en brique qui passent devant l'arbre de l'oubli et conduisent à une cuisine en plein air où Big H consacre ses matinées à préparer d'énormes ragoûts odorants de légumes et d'os de vache pour le dîner des chiens, et ses après-midi à considérer d'un œil désapprobateur le repas du soir que maman mitonne pour le reste de la famille.

« Depuis que Big H a la télévision et s'est mise à regarder ces émissions de cuisine, elle méprise mes currys », dit ma mère.

Elle a toujours fait cuire tout ce qui lui tombait sous la main : poulets médiocres, mouton, crocodiles, grenouilles de l'allée – « Elles avaient des cuisses faussement prometteuses », dit-elle –, et concocte avec des plats merveilleusement parfumés.

« Big H croit que nous sommes censés jurer et transpirer et piquer des colères comme Jamie Oliver, dit maman. Rien à voir avec mes plats tranquilles et harmonieux imprégnés de vin. »

D'un côté de la cuisine se trouve la cuisinière à bois, dos au jardin ; de l'autre, il y a un petit frigo poussif (dans la chaleur il produit seulement du beurre suintant et des bouteilles d'eau avec des gouttelettes suspendues à l'intérieur, rien ne refroidit jamais tout à fait). Derrière Big H, sur une étagère qui leur est réservée, s'alignent les neuf marmites Le Creuset. Leur dessous est noirci en permanence par les coulures des centaines de ragoûts et de currys qui y ont cuit au cours des années.

À droite de la voûte, il y a un bâtiment qui comporte la chambre de mes parents et la bibliothèque de maman avec sa collection de vidéos (surtout des comédies musicales et des opéras, des drames d'époque britanniques et quelques films policiers reposants) ; ses livres ; et son matériel de peinture. Les rayonnages du haut sont encombrés de sculptures, de bibelots, et du moulage en bronze brutalisé de Wellington (qui a perdu à présent ses étriers et ses rênes, telle une victime d'un exercice éreintant du club de poney).

À gauche de la voûte, il y a un cottage composé de deux pièces, la chambre d'amis et le bureau de papa. C'est une structure en brique au toit de chaume, qui a tendance à être perméable à la faune et à la flore. J'ouvre la porte et j'attends. Rien ne se jette sur mes chevilles, aussi je me fraie un chemin jusqu'au lit et je m'assieds, prenant soin de ramener mes pieds sous moi. Big H m'apporte une serviette propre, puis elle passe la pièce en revue.

« Les grenouilles », observe-t-elle enfin, et elle s'en va.

Quand mes yeux s'habituent à la pénombre, je vois ce qu'elle veut dire. La pièce est truffée de grosses grenouilles arboricoles au nid de bulles, blanches comme l'albâtre. Elles sont accrochées à la moustiquaire, collées aux murs, agglutinées à la porte, elles sautillent sur le sol. Plus tard, je m'aperçois que si je bois la moitié d'un cubitainer de vin africain avec un somnifère, une grenouille va se poser sur ma joue pendant mon sommeil et y restera jusqu'au matin sans que je la remarque.

« Quelle chance tu as, s'exclame maman. Tu vas pouvoir écrire ça dans un de tes Horribles Livres. »

Le travail de la ferme commence à l'aube, quand il fait encore frais, et à mon réveil il est déjà très avancé. Maman monte en direction des étangs à poissons avec une canne et une troupe de chiens dans son sillage.

« Ces martins-pêcheurs sont très gourmands », dit-elle, agitant sa canne en direction d'une forme qui plane au-dessus de l'un des étangs.

Papa s'avance à grands pas pour inspecter ses bananiers – « Trente-quatre kilos pour le premier régime ! » annonce-t-il triomphalement. La ferme de mes parents est un miracle de productivité, d'ordre et de routine – ils mesurent, nourrissent, taillent, désherbent, pèsent, emballent.

Vue du camp, la bananeraie apparaît comme une cathédrale verte de feuillages. Au début, les éléphants se frayaient un chemin jusqu'à la ferme la nuit et pillaient les fruits, arrachant les feuilles, écrasant les tiges.

« Ils faisaient des dégâts effroyables, raconte maman. Papa se réveillait et les entendait saccager la plantation. L'ouïe sélective, ça le connaît. Si c'est moi qui parle il est sourd comme un pot, mais si un éléphant touche un cheveu d'une de ses bananes, il bondit hors du lit. »

Vêtu d'un simple kakoi kényan et chaussé de ses savates Bata bleues, il se précipitait dans le champ en agitant une torche.

« Ça suffit comme ça, bande de salopards. Fichez-moi le camp ! »

Jusqu'au jour où le manque de sommeil le contraignit à poser une clôture électrique.

« Ça a mis fin aux pique-niques des éléphants », dit maman.

Elle a appris tout ce qu'elle pouvait sur l'élevage des tilapia – elle a même pris l'avion avec Chad Mbewe, le manager du secteur piscicole, pour aller assister en Malaisie à des conférences sur les techniques les plus récentes.

« Nous avons failli mourir de froid tous les deux à cause de la climatisation, dit-elle. Il nous aurait fallu une bonne doudoune et une écharpe. Je suis rentrée avec une bronchite. »

En dix ans, elle est devenue la première productrice de jeunes poissons dans le pays, peut-être même dans la région. Ses poissons sont célèbres pour leur qualité, leur capacité à prendre du poids et leurs conditions de vie admirablement dénuées de stress.

« Tout le monde doit être très calme et d'humeur agréable autour des poissons de maman, prévient papa. Tu sais comment elle est. »

Et c'est vrai ; il ne lui suffit pas que les étangs soient productifs, ils doivent aussi être agréables pour les poissons et artistiquement plaisants, comme si elle substituait son travail à quelque chose qu'elle aurait pu peindre en un autre lieu et à une autre époque (des moutons et des brebis broutant paisiblement au bord des étangs ; des bouquets pittoresques de roseaux plantés dans les angles ; en arrière-fond, de vieux baobabs respirant la sérénité).

Au milieu de la matinée, papa et maman ont déjà abattu cinq heures de travail. Ils rentrent pour prendre leur petit déjeuner, composé d'innombrables tasses de thé, d'une tranche de pain grillé et d'un modeste bol de porridge au maïs. Puis papa remet son chapeau sur sa tête et maman attrape sa canne et ses jumelles et ils ressortent.

« Les détails, les détails, les détails, dit maman. Le démon vit dans les détails. »

Mais au début de l'après-midi, la chaleur oblige tout le monde à se mettre à l'ombre ou à se réfugier dans la maison, et nous nous retirons tous dans des chambres envahies par les grenouilles pour la sieste.

Ensuite, après avoir encore bu du thé, mes parents repartent dans la propriété, la pipe de papa laissant derrière lui un sillage de fumée odorante, la canne de maman martelant le sol à chaque pas. Sous les bananiers, des échantillons de terre sont prélevés pour rechercher les micro-organismes efficaces, les jeunes poissons sont comptés dans plusieurs des étangs ; les bergers commencent à rentrer les moutons pour la nuit. Puis une lumière d'un or intense envahit le ciel et avec les chiens, nous longeons la limite de la propriété jusqu'à Breezers, le pub au bas de la ferme, à temps pour voir les aigrettes remonter du Zambèze et se nicher dans les arbres.

Avant qu'il fasse tout à fait nuit – « Tu ne veux pas te cogner à un putain d'hippopotame », dit papa – nous remontons d'un pas tranquille vers l'arbre de l'oubli, un peu ivres. M. Zulu, deux de ses épouses et plusieurs de ses enfants sont assis dans leur véranda quand nous passons. M. Zulu nous salue d'un signe de tête et nous échangeons de brèves plaisanteries.

« Bonsoir, monsieur Zulu.

— Oui, monsieur Fuller. »

Ses chiens font mine d'attaquer les nôtres, ce qui provoque les gloussements hystériques d'Isabelle et d'Atatürk (les dindes de maman), puis Lightning se met à braire (Flash est mort de la maladie du sommeil il y a quelques années).

« On dirait les musiciens de Brême », dit gaiement maman.

*

Avant le dîner – comme les Européens, mes parents prennent tard le dernier repas de la journée –, maman se retire dans la salle de bains avec un verre de vin. Papa et moi buvons un verre sous l'arbre de l'oubli et nous jouons mollement une partie de bataille.

« Ce n'est pas du tout aussi amusant quand Vanessa n'est pas là pour tricher », dis-je.

Les chiens se répartissent sur les genoux, les lits et les chaises du camp et commencent à se lécher. Dans la salle de bains, nous entendons maman couvrir la voix de Luciano Pavarotti. « *Ah ! Il mio sol pensier sei tu, Tosca, sei tu !* » De temps à autre résonne le ploc d'un gecko qui tombe des chevrons de la cuisine, où Big H a préparé un plat de riz au safran pour accompagner le curry au poisson de maman, qui bouillonne gentiment dans l'une des cocottes Le Creuset. Tout est aussi douillet et confortable que possible.

Brusquement les trois chiens de la maison d'amis entament un chœur d'aboiements hystériques. Il y a des années que je n'ai entendu cet aboiement particulier, mais je le reconnais aussitôt. Je repose mes cartes et je regarde papa :

« C'est l'alerte au serpent », dis-je.

Papa enlève sa pipe de sa bouche et penche la tête pour écouter.

« Bon sang, tu as raison », s'exclame-t-il.

Il gravit les marches en hâte et je le suis, espérant me donner un air utile tout en prenant garde de ne pas atteindre la porte la première. Papa entre dans le cottage.

« Attention, Bobo », dit-il, levant une main.

Je baisse les yeux. Il vient d'enjamber un serpent joliment décoré avec une tête en forme de diamant, aussi épais que l'avant-bras d'un homme fort – une vipère heurtante. Les vipères heurtantes tuent plus de gens que n'importe quel autre serpent du continent ; leur menu préféré se compose de rongeurs et de grenouilles (dont l'arbre de l'oubli est un pourvoyeur d'une inlassable générosité), et pour attaquer leur cible sous n'importe quel angle, elles se dressent comme un S. C'est la position actuelle de ce serpent-là.

« Va chercher Emmanuel », dit papa.

Je répète : « Un manuel ? », et les possibilités se bousculent dans mon esprit – *Comment soigner et prévenir les morsures de serpent*, peut-être ; ou *Là où il n'y a pas de médecin*.

« Oui, répond papa. C'est la première maison à ta gauche en quittant la cour. »

Tandis que maman continue de chanter son opéra – « *Vittoria ! Vittoria ! L'alba vindice appar* » –, je me précipite sous la voûte en brique et dans la vallée du Zambèze noire comme un four à cette heure de la nuit, hurlant le nom d'Emmanuel telle une missionnaire folle. « Emmanuel ! Emmanuel ! » Et il me vient à l'esprit que ce pourrait bien être notre triple notice nécrologique : papa mordu à mort par une vipère heurtante ; maman noyée dans son bain, ivre, en écoutant Puccini ; moi chutant dans les ténèbres, emportée au ciel en appelant le messie. J'imagine Vanessa à notre enterrement collectif, disant : « Eh bien, c'est vraiment typique, non ? »

Mais à eux deux, papa et Emmanuel parviennent à tuer le serpent – ou, comme le dit mon père, à « lui donner une migraine fatale » –, utilisant l'une des nombreuses cannes robustes que maman a achetées au cours des années à un menuisier sourd-muet du village.

« Comment puis-je dire non à ce malheureux ? dit-elle, afin d'expliquer pourquoi elle en possède un si grand nombre. Je suis pratiquement sa seule cliente. »

Et quand elle sort de son bain, rafraîchie et prête à boire un autre verre de vin, l'ordre a été rétabli dans l'arbre de l'oubli : Emmanuel est rentré chez lui ; la vipère défunte est dans une caisse de bière vide derrière la cuisine ; les chiens sont de nouveau couchés sur les fauteuils et sur nos genoux ; papa bat les cartes pour une autre bataille.

« Il y avait une vipère heurtante dans la chambre d'amis », dis-je à maman.

Elle ne paraît pas dûment impressionnée.

« Oh. » Elle secoue le cubitainer de vin. « Tu en as bu combien ?

— Je l'ai presque fini, dis-je.

— Oh, Bobo, vraiment ? »

J'objecte :

« Mais j'ai les nerfs en compote. »

Maman soupire.

« Un petit serpent et tu t'évanouis. »

Puis elle remarque la canne brisée et son visage s'affaisse.

« Oh non. C'est vraiment dommage. Tu n'as pas cassé une de mes cannes du sourd-muet, n'est-ce pas ?

— Eh bien, qu'est-ce que tu préfères ? La canne de ton sourd-muet ou moi ?

— J'aimerais mieux avoir ma canne entière, dit-elle, prenant un des Jack Russell et pressant son nez contre son oreille. N'est-ce pas, Papa Doc ?

— Bon, c'est décidé, dis-je. Je vais écrire un Horrible Livre et cette fois-ci il sera vraiment sur toi. »

Maman s'assied sous l'arbre de l'oubli, Papa Doc sur ses genoux. Elle regarde papa.

« Tu as entendu ça, Tim ? dit-elle, les lèvres tremblantes. Bobo va écrire la suite.

— Répète, dit papa.

— HORRIBLE LIVRE ! crie maman. BOBO VA EN ÉCRIRE UN AUTRE. »

REMERCIEMENTS

Je souhaite remercier les auteurs dont le travail a été très éclairant au cours de la rédaction de ce livre : Caroline Elkins ; Trevor Royle ; Leonard Thompson ; Tom Mangold et Jeff Goldberg ; Meryl Nass ; Peter Godwin et Ian Hancock ; Paul Moorcraft et Peter McLaughlin ; SGM Herbert A. Friedman (Ret).

Mes très vifs remerciements à mon agente, Melanie Jackson, pour m'avoir soutenue et encouragée et pour avoir su que cette histoire était inscrite au fond de mon être.

Et à mon éditrice, Ann Godoff, pour sa patience sans faille, sa compassion et ses conseils, phrase après phrase.

Merci à Joan Blatt pour son extrême amitié et plus encore.

Merci à Mo Blum pour le vin, l'huile au basilic et la soupe qui m'ont apporté tant de réconfort.

Merci à Bryan Christy – la personne la plus brillante que je connaisse – pour avoir lu chaque ligne de ce livre et pour en avoir affûté les mots.

Merci à Katie Pierce pour m'avoir aidée, au cours de promenades et de conversations, à mettre ce livre au monde, et à retrouver une harmonie intérieure quand mon corps, mon âme et mon esprit se disloquaient.

Merci à Susie Rauch auprès de qui je pouvais toujours me réfugier quand j'avais le plus besoin d'une vie intelligente, ou d'une promenade avec trop de chiens (ce qui revient sans doute au même).

Merci à David Shlim, qui a compris ce qui me minait et m'a guérie, pour sa compassion et ses encouragements.

Merci à Terry Tempest Williams pour avoir si bien connu ce territoire et sans qui ce travail aurait été beaucoup plus solitaire.

Merci à Robin Binckes et à Piet Smit qui m'ont aidée pour les traductions (toutes les erreurs sont entièrement de ma faute), et à Piet Smit qui m'a rappelé que l'amour de la terre est notre maladie africaine et le salut de notre âme.

Merci à Carly Suek et à Katie Thomas pour le soutien crucial qu'elles m'ont apporté. Merci aussi à Kate Healy.

Merci à Melanie Schnizlein qui a rétabli avec calme et discrétion la tranquillité de ma maison pour que je puisse écrire.

Merci à ma tante Glug et à mon oncle Sandy bien-aimés pour leur soutien et leur affection et pour tous ces jours et ces nuits passés dans le confort douillet de Langlands.

Merci à ma sœur, Vanessa Fuller Wootton-Woolley, pour son amour inépuisable, pour la protection et le soutien qu'elle m'a apportés, et pour sa finesse.

Merci à mes enfants, sans qui j'aurais été perdue : à Sarah, pour avoir ramassé les morceaux et m'avoir apporté un humour et une inspiration infinies ; à Fuller, pour son esprit et sa gentillesse constants, pour les assiettes d'œufs brouillés et les tasses de thé ; à Cecily, pour la légèreté inhérente à son être.

Merci à mon mari, Charlie, pour sa tolérance et son amour.

Mais par-dessus tout, je suis redevable à mes parents merveilleux et inégalables – Nicola et Tim Fuller – pour leur résistance, leur humour, leur compassion, leur exemple et leur générosité.

Table

DEUXIÈME PARTIE

TROISIÈME PARTIE

Du même auteur
aux Éditions des Deux Terres :

L'Afrique au cœur, 2005.

Une vie de cow-boy, 2012.

Larmes de pierre, 2012.

Partir avant les pluies, 2015.

PAPIER À BASE DE FIBRES CERTIFIÉES

Le Livre de Poche s'engage pour l'environnement en réduisant l'empreinte carbone de ses livres. Celle de cet exemplaire est de :
400 g éq. CO_2
Rendez-vous sur www.livredepoche-durable.fr

Composition réalisée par NORD COMPO

Achevé d'imprimer en mai 2017 en Espagne par
Blackprint
Dépôt légal 1re publication : juin 2017
LIBRAIRIE GÉNÉRALE FRANÇAISE
21, rue du Montparnasse – 75298 Paris Cedex 06

14/0745/3